U0058263

普天之下・盡是好書
普天出版家族
Popular Press Family
凌雲文創
A-Plus Creative Company

聰明的人，不會用心情處理事情

英國詩人薩克林曾寫道：「我的心情就像大海一樣，如果我的情緒免於受到風浪翻騰，大海也就會寧靜下來。」

人的思緒難免受到情緒影響，但若是一味任由情緒支配，就會淪爲情緒的奴隸。想要保持冷靜、理性的思緒，首先必須懂得管理自己的情緒，隨時清除心中的情緒垃圾，千萬不要用心情處理事情。

• 出版序 •

幸與不幸，由你自己決定

幸與不幸，很多時候其實只是角度的問題；人生中許多所謂的「煩惱」到底是不是庸人自擾，也值得我們回過頭好好想想。

英國詩人薩克林曾寫道：「我的心情就像大海一樣，如果我的情緒免於受到風浪翻騰，大海也就會寧靜下來。」

人的思緒難免受到情緒影響，但若是一味任由情緒支配，就會淪為情緒的奴隸。想要保持冷靜、理性的思緒，首先必須懂得掌控自己的情緒，隨時清除心中的情緒垃圾，千萬不要用心情處理事情。

很多時候，只要懂得轉換念頭，就會發現許多事並不值得煩憂嘔氣。如果你

對眼前的人事物感到厭倦，不妨靜下心來用寬闊的心胸看待，如此一來，便會從生活和工作中，看到遼闊的前景，找到屬於自己的快樂。

有一位美麗的公主，由於擇偶標準很高，因此快三十歲了還沒有嫁出去，年邁的國王對此事感到非常著急。

一天，大臣為國王獻上一計：「關於公主的婚事，我聽說在東方有人擺擂台招婿，選定最強的男人做為夫婿，或許公主也可以比照辦理。」

國王一想，此計不錯，立刻要人在全國張貼佈告，比賽內容保密，地點則選在王宮附近的一個湖邊。

比賽當天，湖邊來了許多年輕人，大臣宣佈，想成為駙馬的人，就要從湖的這一邊游到湖的另一邊，以最先上岸為勝。這個條件並不算太難，當場就有許多人脫了衣服，想要搶第一個衝下水。

就在大家準備跳下水的時候，卻發現水中有很多鱷魚，正虎視眈眈看著他們。

爲了公主把命送掉，値得嗎？一想到這裡，原本熱血沸騰的參賽者們頓時停住腳步，面面相覷。

這時，突然「噗通」一聲，有個人跳下了水並奮力向對岸游去。只見他速度快得驚人，一眨眼工夫就上了岸。大家紛紛跑過來祝賀他，國王與大臣們也都趕過來要跟他說話。可是，他一句話也不說，只是氣喘吁吁地推開大家四處尋找。終於，有人問他：「你找什麼呀？」

這個人氣呼呼地答道：「我想知道是哪個王八蛋把我推下去的。」

原來這位未來的駙馬不是英勇過人的勇士，只不過是一個倒楣被推下水的「受害者」！但不論如何，有人推了這位老兄一把，最後成就了他駙馬爺的命運。

如果深入一點思考這個故事，那麼對於「禍福」，我們便能有除了「皆歸天定」之外的認識。是福是禍，究竟怎麼區分？想來除了運氣，還是得要靠當事者自己才能「界定」吧！

就像故事中這位老兄一樣，若是落水之後不幸給鱷魚吃掉，那當然是人生最大的災禍；但由於成功上了岸，這件飛來橫禍便成了一件幸運的事。

換句話說，「被推下水」這件事本身並不會決定他的幸或不幸，重點是：他後來怎麼做了？

面對挫敗，最重要的其實是當事者解讀的角度，這將註定你能否化阻力爲助力，舉步向前邁進，抑或就此敗在小小的挫折之下。老天會賜給每個人不同的「人生轉捩點」，它們的存在可能改變你我未來的人生。至於最後的結果是福是禍，在很大的程度上，卻是我們自己可以選擇掌握的！

截至目前爲止，你認爲自己的人生充滿失敗與不幸嗎？千萬別忘了，一個成功的人往往也是有著堅強心境的人，至於失敗的人，卻容易困在挫折的框框裡作繭自縛。

幸與不幸，很多時候其實只是角度的問題；同樣的，人生中許多所謂的「煩惱」到底是不是庸人自擾，也值得我們回過頭好好想想。

PART—1

寬容才是最好的互動

人與人互動過程中，必須用心去感受，用寬容代替指責，別讓無意的動作成為刺傷心靈的利刃。

PART—2

學會放下，才能活在當下

人的心往往比腿還累，是因為不懂得放下多餘的行李。提著這些過重的情緒旅行，只會造成旅途的負擔。

PART—3

不要被別人的情緒牽著走

片刻的惱怒往往使人瘋狂，這時若是你讓情緒控制了自己，那麼，你就失去掌控全局的主導權。

PART—4

用心就能改變自己

只要肯用心，「記性不好」就不會是阻撓自己的藉口。端看你願不願意花心力找出解決的方法，如此而已。

PART—5

先處理心情，再處理事情

心情是決定事情成敗的重要關鍵，不管遇到什麼狀況，唯有先整理自己的心情，才能理智而正確地處理事情。

PART—6

學會寬容，行事才會圓融

璞玉要經過琢磨才展現光彩；一座花園，要經過四季的洗禮，才能展現風采。去蕪存菁之前，得先寬容地給予空間。

PART—7

先有好心情，才會有好事情

老是用負面的心情看待問題，再如何簡單容易的事情，也會籠罩上層層陰影。想要讓自己心想事成，就必須時時擁有正面樂觀的好心情。

PART—8

有好心情，才能談好事情

當吵架已非「頭腦與心靈的溝通」，而變成「唇槍舌劍」的交鋒時，這樣的爭吵，就只剩下「逞口舌之快」的互相傷害了。

PART—9

讓陽光照進你的心窗

孩子可以毫無保留的付出，他們的愛可以包容一切。身為成人的我們反而應該向孩子學習寬容地對待周遭的人事物。

PART—10

要有寬容別人的心胸

為別人付出的同時，自己也得到收穫。讓自己多一點熱心、一點關懷，世界將會更圓融、更美好。

PART—11

勇敢付出，人生才會愉快

或許愛一個人會有心痛，會有擔憂掛懷，但也只有透過愛，才能讓我們與他人建立起緊密的聯繫。

PART 1.

寬容才是最好的互動

人與人互動過程中，

必須用心去感受，

用寬容代替指責，

別讓無意的動作成為刺傷心靈的利刃。

用寬容的心情，面對惱人的事情

人要學會放下痛苦，用寬容的心情看待事情，才能過著幸福的日子。只要學會寬容的智慧，就可以讓自己的人生變得更加精采。

莎士比亞在《李爾王》劇本中寫道：「我的敵人的狗，即使牠曾經咬過我，在寒冷的夜裡，我也要讓牠躺在我的火爐之前。」

寬容是一種生活智慧，人生不可能沒有失意、煩惱，人與人不可能沒有摩擦、齟齬，要學會轉換心情看事情，不要讓小事困擾自己。唯有選擇帶著微笑面對，走在人生路上才會擁有更多機會。

人無法孤獨的活在世上，活著是爲了自己，也爲了別人。爲自己，要活得幸

福，懂得欣賞世上萬物之美，讓生命豐盈；爲別人而活，就要有愛，關懷他人的生命，包容他人的過失。

雖然要完全做到待人溫厚與寬恕不是一件容易的事，至少要當成學習的課題。如此，社會上才不會只有鬥爭、傷害、仇恨和暴力。

二次大戰期間，戰火四起、屍橫遍野，宛如人間地獄。

那時，有一支部隊在森林中與敵軍相遇，經過了一番激戰後，死的死、傷的傷，雙方各自退兵逃離。

在混亂中，有兩名來自同一個小鎮的士兵脫隊了。他們求助無門，只能彼此鼓勵、互相扶持，在一片死寂的森林裡艱難跋涉。

就這樣，十多天過去了，在糧食缺乏又擔心遭遇突襲的情況下，他們身心備受煎熬，卻仍然沒有和部隊聯繫上。靠著身上僅有的一點肉乾，兩個人在林中努力的求生。

走到一處隘口時，他們看到了一隊敵軍。兩人知道毫無勝算，巧妙地避了開來，誰知等到危機解除之後，走在後面的士兵竟然朝著前方的盟友安德魯開了一槍。子彈打在安德魯的肩膀上，他用不可置信的眼神望著開槍的隊友，癱坐在泥土地上。

開槍的士兵害怕得淚流滿面，慌張地丟下手裡的槍，衝上去抱住安德魯，嘴裡不停唸著：「媽媽！媽媽！天啊！我到底做了什麼！」

安德魯碰到隊友顫抖的雙手，怎麼也想不到戰友會朝自己開槍。幸好傷勢不嚴重，安德魯並沒有責怪戰友。

後來，他們兩個都被部隊救了出來，也各自回到了家鄉。之後的三十年，安德魯假裝什麼也沒發生過，從沒提起此事。直到有一天，安德魯去奠祭戰友的母親，在喪禮上，戰友跪在母親的靈前，請求安德魯原諒當年的事。安德魯扶起他，不再讓他繼續說下去。

安德魯知道，當時他想獨吞自己身上的肉乾，只是想爲了母親而活下去。這是戰爭的殘酷，並不是他的錯。安德魯從心底眞正寬恕了他，之後他們又做了幾

十年的好朋友。

人要學會放下痛苦，用寬容的心情看待事情，才能過著幸福的日子。人生是快樂或痛苦，關鍵就在看待生活的態度，只要學會寬容的智慧，就可以讓自己的人生變得更加精采。

過去的就讓它逝去，安德魯徹底做到了以德報怨。他知道爲了自己和他人的生存而犯下的過錯，是值得原諒的。

「以德報怨」，是寬恕與包容的最高境界，也是人類心胸寬闊的具體表現。相反的，冤冤相報，只會形成代代世仇，造成更多的悲劇而沒完沒了。

愛因斯坦曾說：「寬容意味著尊重別人的無論哪種可能存在的信念。」

的確，愈是睿智的人，愈有寬容的胸襟，一個寬宏大量的人，愛心往往多於怨恨，樂觀、忍讓的圓融個性，讓他成爲一個眞正聰明有智慧的人。

原諒是金，道歉是銀，能學會寬恕的人才能得到人生最大的福份。

用寬容的態度原諒別人的錯誤

用寬恕代替責罵，才能徹底改變一個人的生命，讓他勇敢的為自己的過失負責，並且在別人犯錯時，也同樣用寬容的心面對。

犯錯通常伴隨而來的是處罰。每個人的成長過程中，多多少少曾經做錯事，也體會過那種擔心害怕、恐懼即將被處罰的心情。除了皮肉之痛，更怕的是面對憤怒的臉孔、嚴厲的指責。

許多人長大後，回憶過往的生活，能記住的痛苦經驗往往比美好的回憶還多，有些人甚至一輩子被這樣的傷痛綑綁著，無法解脫。因爲，那時受傷的，不只是身體，還有深植心靈的傷口。

自尊心喪失、人格被否定、異樣眼光等等，所造成的影響無法估計，而一切只源於一個小錯誤。

美國作家傑瑞．哈伯特在作品中回憶著一段影響深遠的往事。

他在書中寫道：「她是我幼時的鄰居，住在威斯康辛州，我已經不記得她的名字。她是我當送報生時的客戶之一。」

「那是一個風和日麗的下午，我和朋友躲在那位老奶奶的後院玩耍。我們朝著她的屋頂扔石頭，看著石頭像子彈一樣飛出去，然後從另一邊落下。我們比賽誰扔得最高、最遠。不料，玩得正開心的時候，突然砰的一聲，一顆不長眼的石頭就這樣硬生生砸到閣樓的窗戶。看著滿地的碎玻璃，害怕的我們飛也似地逃離了現場。」

「那天晚上，我躺在床上翻來覆去怎麼也睡不著。我深怕老奶奶發現是誰打破的，並將這件事告訴我的父母。一連幾天過去了，什麼事也沒發生，忐忑的心情放鬆許多。確定已經沒事後，我的良心開始不安，我爲自己的行爲感到慚愧，心裡充滿罪惡感。尤其當我每天爲她送報紙時，她仍然和藹對我微笑打招呼。」

「於是，我下了一個決定，我要將送報紙所賺來的錢存下來，賠給老奶奶修玻璃。經過了三個星期，算了算總共有七美元，應該足夠了。我將七美元和一張解釋來龍去脈的紙條放在信封裡，並在紙上表達我深深的歉意，希望這些錢可以拿來修玻璃。」

「趁著夜深人靜時，我偷偷將信封投進老奶奶家的信箱。第二天，當我又爲老奶奶送報，已經能坦然接受她所回報給我的笑容。正當我要離開時，她突然叫住我，說她烤了一些小餅乾想請我嚐嚐。接過裝餅乾的紙袋，謝過了老奶奶，我往回家的路上走去，邊走邊吃著餅乾。一連吃了幾片後，我突然發現裡面有一個信封。打開一看，裡面竟然裝著七美元和一張紙條，上面寫著：『我爲你感到驕傲。』」

法國作家福萊曾經寫道：「一個不肯寬容別人的人，就是不給自己留餘地，因為，每一個人都有犯下過錯而需要別人寬容的時候。」

倘若結局換成老奶奶生氣的找上傑瑞的家長，指責他們教育失敗，放任小孩子調皮搗蛋，那麼家長必定顏面掃地，可能給傑瑞狠狠的處罰。

若以東方人早期的做法，甚至會拉著孩子走上大街，打罵一番給街坊鄰居觀看，以示負責。

用寬恕代替責罵，才能徹底改變一個人的生命。老奶奶所做的，不僅僅是原諒傑瑞犯下的錯誤，也同時在他的人生中上了寶貴的一課。

正因爲如此，後來傑瑞才能做到誠實的面對錯誤，勇敢的爲自己的過失負責，並且在別人犯錯時，也同樣用寬容的心面對。

別用偏見做出錯誤的判斷

別因生活的壓力加上偏見，而否定了人們善良的一面。凡事在評論前先往好的一面去思考，別妄下偏頗的論斷。

從遠處觀察做出的判斷，有可能是錯誤的，而且一旦做出評判，人與人之間就無法建立眞正的信任。

很多時候，人們習慣以自己的角度來判斷別人，在先入爲主的觀念下，無法從客觀的角度看事情。許多美意因而成爲偏見下的犧牲品，也打碎了一顆顆善良、單純的心。

有一位單親媽媽獨自撫養四個年幼的孩子，上班所賺的薪水非常微薄，只能勉強維持家中的基本開銷。

可是，節儉的她努力做到讓孩子有正常的家庭生活，不愁吃、不愁穿，行爲得體，個個都是有禮貌的好孩子，不以現狀的生活爲苦。雖然她時常覺得心力交瘁，但是看到孩子們一天天長大，心裡感到很欣慰。

有一年聖誕節又要來臨了，雖然家中經濟不寬裕，但是單親媽媽心裡卻有一個計劃，希望日漸長大的孩子能過一個眞正的聖誕節。從很早開始，她在日常開銷外另存了一筆錢，當孩子們快樂的整理房間、佈置聖誕樹時，她在心裡盤算著要如何分配所存的一百二十美元。等到一切都弄好，她將四個孩子叫到身邊，告訴他們每個人將能拿到二十美元，要他們準備五份約四美元的禮物，她希望每個人都能送出最眞誠的祝福。

接著，全家來到大賣場分頭採購，約定兩小時後出口碰面。

回家的路上，孩子們興高采烈，不住嬉笑。大家互相猜測對方買的禮物，你給我一點暗示，我讓你搖搖袋子，笑得合不攏嘴。在每個人開心唱起耶誕歌曲時，只有八歲的小女兒吉亞異常安靜，媽媽注意到吉亞的購物袋又小又平，但是她一句話也沒說。

回到家中後，她立刻把小女兒叫到房間來，問她到底買了什麼禮物。當她發現袋子裡面裝的只是五十分錢一大把的棒棒糖後，簡直難以置信，不禁怒火中燒，不悅的責問吉亞：「妳到底把那二十美元用到哪裡去了？」

「媽媽，原本我想送您跟哥哥姊姊們一些特別的禮物，可是當我拿著錢到處亂逛時，看到一棵『給予援助中心』的許願樹。樹上有許多卡片，其中一張是一個四歲小孩寫的。她一直盼望耶誕老人能送她一個會唱歌的洋娃娃。所以我取下卡片買了一個洋娃娃送到援助中心的禮品區了。」吉亞一邊哽咽，一邊神情擔心的說著。「我們有那麼多人，已經可以得到許多禮物，而那個小女孩什麼都沒有，所以我想……」

吉亞還沒說完，媽媽已經緊緊擁住她，忍不住紅了眼眶。她覺得吉亞送給大

家最棒的聖誕禮物，就是一個陌生小女孩滿足的笑臉。

有位母親說了自己的經驗，某天她帶著孩子出門，到目的地後她去辦事，讓孩子留在機車上等待。當她出來時，看見孩子整個人趴在坐墊上，忍不住火大的責罵小孩坐沒坐相。只見孩子委屈地說：「天空滴起小雨來，我怕媽媽的位置會淋濕，所以用身體擋著……」

母親聽完紅了眼眶，內心充滿感動與愧疚。

吉亞的母親一開始認定了吉亞是個自私且貪心的女孩，想獨自留下買禮物的錢，因此找了一堆廉價的棒棒糖充數。她用世俗的眼光來評斷孩子，只相信眼前所見就苛責吉亞所為，其實這樣的傷害是可以避免的。

別因生活的壓力加上偏見，而否定了人們善良的一面。凡事在評論前先往好的一面去思考，別妄下偏頗的論斷。世界上最無價的寶物，除了溫暖的笑容外，更是一顆善良、同情和體貼的心。

不要因為競爭而輸掉人生

爭一口氣的代價實在太大了，或許起先是為了自尊和面子，但最後付出的代價卻是你的人生。

有競爭才會有進步，但是在競爭的過程中，你眞的知道自己要的是什麼嗎？從這個競爭得到的又是什麼？

有時候，我們會爲了一些莫名的原因與他人爭來爭去，爭到最後連自己在爭什麼都搞糊塗了，而在競爭的過程中，錯失掉許多美好的事物。這些事物，可能是一個朋友、一段感情，甚至健康……

目的達到後，失落感往往比成就感大，得到的反而不一定多。

街角有一個修鞋匠，年約五十多歲，每天工作的時間不長，天氣不好時更是早早收攤回家。有一天，來了另一個修鞋匠，年紀跟他差不多，臉上佈滿皺紋，是個拄著枴杖的瘸子。

從那天起，第一個修鞋匠拉長了工作時間，連颳風下雨也不肯離開。

兩個人的競爭從此展開，彼此都想多賺一點錢。他們從來沒有跟對方說過話，每天誰來得早就佔主要的位置，另一個只好摸著鼻子窩到角落裡。一天天過去，兩個人明爭暗鬥，起床的時間也不斷提早，彼此毫不讓步，連旁人看了都忍不住搖頭嘆氣。

冬天到了，這樣的情況沒有減緩，反而越來越嚴重。爲了佔到第一個位置，兩人甚至在寒冷的夜晚在戶外打地舖睡覺。晚上凍了一夜，白天起來工作時，兩人臉色都很差，連手都裂開了。

寒流來時，就算街上一個人也沒有，他們還是沒有提早離開過，就像雪裡的兩座雕像。

這樣的競爭持續了一年，有一次，瘸子沒有出現，另一個疑心著他是不是生病了，幾天過後還是沒有見到他的人影。

某天，第一個鞋匠正低著頭修鞋時，聽到對面擺攤的老闆說：「那個瘸子真可憐，腦溢血拖了幾天，還是死了。」

修鞋匠一聽愣住了，眼淚掉了下來。那瞬間他突然覺得自己好傻，就爲了爭一口氣，兩個人沒命地比較，現在人死了，他卻連話也沒跟對方說過。他想通了人生不過如此，實在沒必要這樣的計較，便在清明的時候，買了一些紙錢燒給死去的修鞋匠。

過了一陣子，又來了一個比較年輕的修鞋匠，老是搶第一個位置。年長的修鞋匠總是笑著讓給他，後來兩人成了朋友，天天有說有笑一起工作。

常見許多人完成某件事後，對大家坦承這段日子以來的心情，是痛苦且不快

樂的。問他明知如此，爲何仍然選擇這樣做時，得到的答案就只有一句話：「就是爲了爭一口氣啊！」

這樣的回答的確震撼人心，可是代價實在太大了。或許起先是爲了面子和自尊，但是最後付出的代價卻是你的人生。有些時候，只是自己太過在意別人的看法，其實換個角度跟方向，也同樣可以肯定自己。

在修鞋匠的爭奪戰中，兩人都失去了與家人相處的時間，其中一個甚至丟掉性命。他們把所有心思用在如何和對方較勁，即使沒有客人也不在乎，這樣的爭奪一點也沒有意義。

認清自己的目標和目的，做良性的競爭，不是更有意義嗎？

保持寬闊的心胸，就不會衝動

只有改變對事情的看法以及自己的態度，才能真正控制脾氣。用一顆寬闊的心來看待事物，才能把惡緣化成善緣。

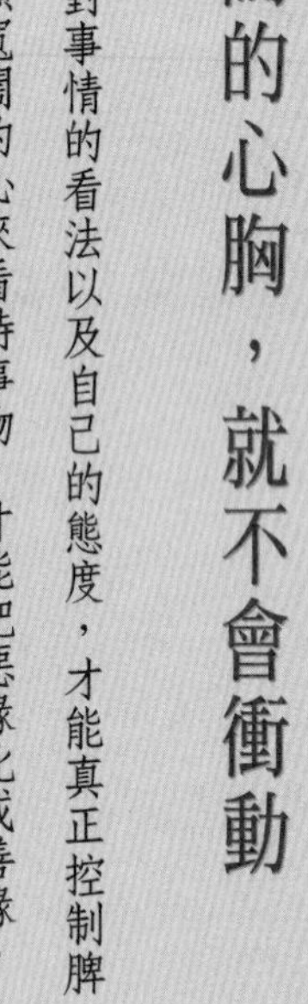

七情六慾中，生氣帶來的威力最是驚人，造成的傷害也最快。因爲，生氣時人很容易失去理智，接著伴隨而來的是衝動。在衝動下，任何事情都有可能發生。

我們都知道這個道理，可是常常事情發生時，第一個反應是生氣。到底是氣對方的過錯，還是氣自己不小心，往往當事人也不清楚。

生氣並不能解決問題，有時甚至會引起更大的衝突。

某天法師正從室內走出，門才剛打開，一個彪形大漢就撞了上來。很不巧的，門板打上法師的眼鏡，鏡片戳傷了他的眼皮，掉落地上摔個粉碎。滿臉落腮鬍的大漢馬上先聲奪人說：「誰叫你要戴眼鏡！」

法師心想：「因緣合和而生世間法，有善緣、有惡緣。唯有慈悲以待，才能將惡緣化爲善緣。」於是就以微笑回應大漢的無理。

大漢見到法師的表情，訝異的問他：「喂！和尚，你怎麼不生氣？」

法師藉機教育說：「我爲什麼要生氣？生氣不能使破掉的眼鏡復原，臉上的傷口也不會消失。再說，如果我生氣了必定會和你起衝突，可能破口大罵或者大打出手，這樣只會傷身傷心，事情也無法解決。」

「若能以世間的因果報應來看待，只要我早一分鐘或晚一分鐘，都能避免我們相撞。但是我們偏偏撞在一起，那就是在消解我們過去的一段惡緣。因此，我不但不生氣，還要感謝你幫我消除業障呢！」

大漢聽完若有所思的離開了。一段日子過後，法師突然收到一封掛號信，裡面還附著一張五千元的匯票。信裡寫著：

「師父慈悲：那天和您那一撞，救活了三條生命。年輕時的我不知進取，在工作上沒有好成績。因為這樣，我常常怨天尤人，成家後也不知善待妻子，常常拿她出氣。

有天我出門上班，走到半路發現少拿一份文件，於是又折返回家，竟然見到妻子與一名男子在家中說說笑笑。我頓時怒火上升，衝動跑進廚房拿了菜刀想殺了他們兩個，再自我了結。那個男子驚慌中臉上的眼鏡摔破在地上，突然讓我想起師父的話：『生氣不能解決問題』，這才冷靜下來。

經過這件事，我不斷反省，是因為自己的不負責任和壞脾氣，才會讓妻子出軌。現在的我不再暴躁莽撞，也不再冷落妻子。目前家庭和諧，工作上也順利多了。這一切都要感謝師父的開示，讓我的一生徹底改變。因此特匯上五千元，兩千用來賠償師父的眼鏡，剩下的三千為我、妻子和那個男人做功德、消業障。」

人在盛怒的情況下，往往容易失手，造成無可挽回的悲劇。但即使如此，人們還是很難控制自己的脾氣，通常都在事後才懊悔、苦惱，將一切歸咎於生氣時失去理智。

會生氣，就是因爲心裡在意；越在乎的事情，投入的精神也越多。

另一方面，會生氣則是小氣，不想自己的利益有任何的損傷，因此對他人所爲不滿而生氣。

只有改變對事情的看法以及自己的態度，才能眞正控制脾氣。像法師一樣，用一顆寬闊的心來看待事物，才能把惡緣化成善緣。

下次脾氣上來時，給自己一分鐘的時間和空間冷靜下來，想想該用什麼樣的方法，才是最理想的解決方式。

寬恕他人就是寬容自己

生活是可以靠自己創造出來的，一切只在於心態的轉變。對生活不滿時，或許可以仔細思考，誰才是真正沒有善待自己的人！

塞斯在《個人眞相的本質》一書中曾經提到：「事物在時間的停留比在空間還要長久。」

確實如此，在空間一閃而逝的事物，在時間中卻可以不斷流傳，在記憶中也可以永遠的存在。

許多人無法用心享受生命的喜悅與驚奇，甚至罹患憂鬱症等心理疾病，原因就在於他們常常將自己困在某個不快樂的回憶，即使過得再久也不肯放下，執著

於過去，而無法看到現在與未來。

露西一生都痛恨自己的父母。露西還小的時候，父親常常不在家，一出門就是好幾個月，一回來，全家就陷入恐懼之中。他不斷喝酒，還拿露西出氣，當母親想阻止他的行爲時，父親還會拿起皮帶鞭打母親。母女倆常常怕得躲在牆角不敢出聲。

終於有一天，母親再也受不了了，留下露西離家出走。

母親離開不久後，父親也消失無蹤，把露西留給祖母照顧。從小露西就過著沒有雙親關懷的生活，慶幸的是，祖母對她的愛一點也沒有減少。但是，父親的暴力和母親拋棄她的行爲，仍給露西的心靈造成很大的傷害。露西常會因爲一點小差錯而大發雷霆，讓大家受不了。

露西唸大學時，臥病在床的祖母過世了，露西受到了很大的打擊，就在此時，她的父親出現了。

那時，父親與同居人住在一棟小公寓，希望露西可以搬去一同居住。

雖然接受了父親伸出的雙手，但露西卻無法完全接納這個新的家庭。儘管新阿姨對露西釋出很多的善意，父親對她好言相勸，都無法改善露西表現出來的攻擊性和不滿。

畢業後，露西進入一個不錯的研究機關工作。或許是長期對家庭不滿，當她看到同事們擁有正常家庭和快樂生活時，就會無意中流露出羨慕和嫉妒的神情。不知不覺中，露西的個性越來越怪異，對同事常常語帶諷刺，對晚輩也越來越苛求，宛如全世界的人都辜負了她。

她常對別人說：「你眞的好幸福喔！你可以擁有正常的家庭跟雙親，爲什麼你可以這麼幸運，而我卻那麼辛苦？」

漸漸的，露西對每一個人和每一件事都看不順眼，總是大聲或者以挖苦似的諷刺來責罵晚輩，總是抱怨同事爲何做的事情比自己少，表現得不滿意自己的生活和工作。

長期下來，露西就像一叢帶刺的荊棘，沒有人願意接近她。到後來，露西因

爲情緒不穩而導致胃病，整個人骨瘦如材，臉色蒼白，原本清秀的臉蛋也成了晚娘面孔，找不出一絲笑容。

從艱困環境中脫穎而出的露西，有這麼好的成就，原本是件值得欽佩的事。只可惜露西無法解開自己的心結，將自己困在幼時的陰影中，無法像祖母對她付出的愛般，學習原諒她的父親。

她只記住父親的暴行，不願去接受悔過後的父親所做的補償。因此她將自己困在時間的洪流中，一次又一次用記憶折磨自己。

當她抱怨著父親過往的錯誤時，自己也在不知不覺中重蹈覆轍。露西認爲她是個受害者，每個人都對不起她。她用嚴厲的眼光來要求每一個人、每一件事，總想著：「我都可以這樣走過來了，別人應該要有更好的表現。」就因爲這樣，她失去了體貼的心。

露西學不會的，不僅是對父親的寬容，還包括了如何寬容自己。縱使她已經有能力選擇自己想過的人生，可是卻一再把自己綁在死結裡。

她看不到環境帶給她的考驗，反而成就了她對生命的韌性。當她抱怨著別人如何對待她時，卻忘了自己才是最大的加害者，不僅把痛苦帶給別人，更加倍回報在自己身上。

想要怎樣的生活，有如何的體驗，是可以靠自己創造出來的。

一切只在於心態的轉變。當你對生活不滿時，或許可以仔細思考，誰才是眞正沒有善待自己的人！

試著用寬容的心情，面對那些惱人的事情吧！

不要讓誤會造成決裂

堅持原則是正確的，但不代表沒有轉圜的空間。因為懷疑與不信任在雙方心裡留下的疤痕，才是真正的遺憾。

當你對一個人產生懷疑，你就會開始猜忌。一但有了這個念頭，他所做的每件事、所說的每句話，甚至走路的方式，都會讓你起疑心。

要指責一個人的過錯，應該先找出證據，才能確定看法，但是很多人常常先確定自己的判斷，才去找尋證據。

一旦有這個先入爲主的觀念，心自然會往偏差的方向傾斜，眼睛所見也不再客觀。誤會因此而產生，在雙方僵持的情況下，遺憾就這樣形成了。

有一對雙胞胎兄弟自小感情融洽，做什麼事都在一起。他們共同經營父親留下來的商店，兩兄弟同心協力，把店打理得井井有條，日子也過得很平順。可是有一天，一塊美元的遺失讓一切都改觀了。

那天早上，哥哥將一塊美元放進收銀機後，就出門和客戶談生意。當他下午回來打開收銀機一看，發現少了一美元，便問弟弟有沒有看到裡面的錢，弟弟否認了。

哥哥聽了很不高興，認爲錢又沒有長腳，不可能自己跑掉，一定是弟弟拿走又不肯承認。弟弟則覺得很委屈，明明沒做卻被冤枉。

就因爲這樣，兩人之間有了心結，雖然生活在同一個屋簷下卻像陌生人一樣，一句話也不說。尷尬的氣氛持續了好一陣子，到後來兩個人再也受不了了，於是決定分家。他們把店分成兩半，並且在中間隔出一道牆，各自做生意，彼此不相往來。

幾年的歲月就這樣過去了，兩兄弟還是沒有解開心結。有一天，一輛名貴的跑車停在哥哥的店門口，從裡頭走下一個衣裝筆挺的男士，走進店裡，開口問哥哥：「請問你在這裡工作多久了？」

哥哥回答他：「我這輩子都在這裡服務。」

男子聽完，神情突然變得很嚴肅的：「如果是這樣，我必須告訴你一件事。二十年前我被公司裁員，整個人變得很沒鬥志，後來就成了一個不務正業的流浪漢。我到處閒晃，有一天來到了你們這個小鎮。那時我已經好幾天沒吃東西了，肚子餓得發慌。剛好路過你們店門口，就趁四下無人的時候從收銀機裡偷走了一塊美元。過了這麼多年，我的良心一直受到譴責，所以我一定要回到這裡，請求您的原諒。」

哥歌聽完早已淚流滿面，請那人到隔壁去，將這個故事再說一遍。說完之後，店門口衝出兩個面貌相似的中年男子，站在街頭抱頭痛哭了起來。

世界上很多的遺憾都是源自於誤會，因誤會而造成的聚散離合的不在少數，而不肯原諒、不肯道歉而造成的感情裂痕，才是眞正的遺憾。直到時間逝去、人事已非，想再去愛一個人，卻沒有能力去愛了。

小小的一塊美金，代表的不僅僅是金錢，更是親情的考驗。因爲懷疑、不信任，讓雙方的心裡都留下疤痕。

哥哥所在意的並不是金錢，而是一個答案，無法接受弟弟對自己隱瞞。對弟弟而言，不只在人格上受到極大的侮辱，親情也遭逢創傷，他覺得委屈與無奈，因而導致憤怒。倘若當初偷錢的人沒有出現，兩兄弟是否就這樣老死不相往來，徒留遺憾呢？

許多可笑的誤會，常常導致終生的悲劇。雙方不讓步下，痛苦的又是誰？不必要讓生活上的小誤會影響感情，不管是親情、愛情、友情，以及人與人之間的交往。堅持原則是正確的，但不代表沒有轉圜的空間。

寬容才是最好的互動

人與人互動過程中，必須用心去感受，用寬容代替指責，別讓無意的動作成為刺傷心靈的利刃。

從前的人相信打罵教育，認爲不打不成器，結果打垮了自信、打傷了親情，最後也只是打出「氣」來。

現在的人則講求賞罰並用，就像利益交換般，只講條件。

不論是哪種方式，在孩子成長的過程中，多多少少都會留下幾道傷痕。

這些傷口可能永遠沉寂在內心深處，有些則會在某個時間點上引爆出來。最糟糕的是，一旦生活在傷口的陰影下，甚至會在不知不覺中用同樣的手法傷害到下一代。

孩子最初的啓蒙教育來自於家庭與學校，這過程影響著將來的發展。所謂的人本教育，就是尊重孩子成爲一個「人」，孩子不是私人的財產，也不是大人製造一件物品，而是完整的個體。尊重孩子其實一點都不難，端看是否用「心」於小細節而已。

一位中學老師離開教職多年後，接到一封學生的來信，內容敘述著一件不經意的小事造成的深刻影響。

當時，這位老師任職的中學是男女合校，學校方面對學生談戀愛一事特別重視，並採取嚴厲的手法來禁止。

信裡頭寫道：「那個晚上在校園散步被老師撞見時，我們的心跳得七上八下，深怕被您認了出來。那時我們兩個走在一起，最擔心的就是一道無情的光直接照在我們的臉上。可是，您卻沒有打開手電筒，只是若無其事假裝欣賞夜色，告訴

我們夜深了，該休息了。如果當時光線照上我的臉，一定會讓我感到無地自容，從此耿耿於懷、無心學習。一直到現在，我都沒有忘記這件事。在此我要鄭重的向老師說一聲：謝謝您！」

之後老師回憶起這段往事，對朋友說：「那個晚上，我並沒有注意到有沒有開手電筒會對一個孩子造成那麼大的影響。我只知道他們正在戀愛，原本要訓示幾句，後來想想也就算了。」

因爲這封信，讓這位老師深深體會到許多生活上的小細節，也會在無形中造成很大的影響。因此，他開始注意自己的言行，注意自己所說的話對方是否會在意，臉上有沒有流露出不耐煩的神情。

對於每一個孩子，尤其是犯了錯的孩子，這位老師更給予尊重。因爲他知道，嚴厲責備只會在幼小的心靈留下一道傷痕，造成永久的傷害。

在許許多多的經驗談中，我們知道求學過程所受的教育方式是一個不可忽視

的轉捩點。相信有許多人曾經在這條路上跌倒又爬了起來，只是這段過程雖然過去了，卻往往刻骨銘心。

仔細探究問題，很多傷害都是可以避免的。

在日常生活中，在人際交往時，我們是否也在不自覺中維護一個人的自尊，或者傷害了一個心靈？

幽默作家蕭伯納曾提醒我們寬容地對待自己和周遭的人：「想要擁有圓融和諧的人生，就必須保持心情舒暢，滿懷信心地大步向前。」

人與人的互動過程中，必須用心去感受，用寬容代替指責，別讓無意的動作成爲刺傷心靈的利刃。

他也可以成為別人的「天使」

每個人的心中都有一個孩子，當我們都能做別人的天使，以溫暖的眼光注視著身邊的人，和諧的氣氛將在生活中散佈。

從中古時期開始，很多人就知道兒童就像軟蠟，可以用不同的方式塑造。童年是人生中最容易教導的階段，兒童的教育對日後有著極大的影響。

可是，時至今日，問題兒童不但沒有減少的趨勢，還日漸成爲頭痛少年，最後變成社會的敗類。

有人提倡「愛的教育」，也有人只相信「鐵的紀律」，當雙方各持己見時，卻忽略了很重要的一點。那就是不管是哪種方式，教誨若無法直達內心深處，都是枉然的，或許可以抑制一時，卻無法長久的影響，等到當下的感覺一過，便又回復舊態。

英國牛津大學的著名心理教授肯特．基恩在一次少年管教所的演講中，說了一個他幼時的故事。

肯特小的時候是一個調皮搗蛋的孩子，既不愛唸書又常滋事，而且報復心很強，只要別人一不小心得罪他，他一定連本帶利討回來，因此老師和同學都不喜歡他，連家人也受不了他。

然而，肯特的心裡，卻是非常渴望有人可以了解他。他在獨處一人時，常向上帝默默的禱告：「親愛的天父！請您給我一顆善良的心，讓我學會寬容別人，並且得到與人相處的智慧，就像班上的卡列爾一樣優秀。」

或許上帝正好在忙，沒有聽到肯特的祈求，他依然是個人見人厭的孩子，甚至有老師揚言只要有他在，就不肯教導這個班。

肯特升上三年級時，學校來了一個新老師——瑪莉亞小姐，是一個年輕又漂亮的女老師。當她走進教室站上講台時，整個班級嘩的一聲吵了開來，聲音大得幾乎要把屋頂掀開。肯特帶頭將課本往天花板扔，並對老師送飛吻、吹口哨，一點都不尊重。

瑪麗亞小姐不像其他老師一樣，大聲斥責要大家安靜，反而微笑看著大家，不發一語。肯特覺得無聊，於是停止惡作劇坐回椅子上，同學也跟著停止喧鬧。瑪麗亞小姐等到全部安靜下來後，就開始自我介紹，當她要把名字寫在黑板上時，發現沒有粉筆。那時肯特突然心頭一緊，想著：「糟了！老師會不會發現粉筆是我拿去藏起來的。」

這時瑪麗亞小姐轉過身笑瞇瞇說：「誰願意去幫老師拿盒粉筆呢？」話才一說完，全班馬上鬧哄哄吵了起來，所有男生都搶著要幫忙。瑪麗亞小姐環視了教室一圈，最後眼光落在不動聲色的肯特身上，說道：「我找到最適合的人選了，肯特，就是你了。可以請你幫這個忙嗎？」

肯特當場愣住，呆呆問了一句：「爲什麼是我？」

「因爲我看得出你熱情、靈活又具號召力，我相信你會把這事情做得很好。」瑪麗亞小姐認眞說著。

肯特將藏在樹叢裡的粉筆很快拿了回來，當他要把粉筆交給瑪麗亞小姐時，露出了沾染泥巴的指甲。

肯特很不好意思，怕被發現粉筆是他藏起來的。但是，瑪麗亞小姐給了他一個天使般的笑容，肯特這才放下一顆不安的心。

從此以後，肯特如脫胎換骨似，一改過去的惡習，成爲一個上進又體貼的孩子，因爲天使正注視著他。

每個孩子的本性都是善良的，他們出生時就像一張白紙，在生活中學習、刻畫。故事中的肯特是個幼時讓人頭痛甚至放棄的孩子，卻因爲瑪麗亞老師的幾句話，成爲日後的心理學家和知名作家。那是因爲他本性不壞，只可惜沒有人看透這一點，大家只把他當成一個麻煩。

孩子是感受最敏銳的一群，你是否發自眞心，或者只是敷衍，他們都能感覺到。很多問題孩子外表雖然猖狂，內心卻是自卑的，退讓或高壓的教育方式都不對，而要眞正去了解、感受他們的優點。

要讓他們知道自己是被重視的，並且讓他們明白只有尊重自己的人，才能得到別人的尊重

每個人的心中都有一個孩子，不管他的年紀有多大。

當我們都能做別人的天使，以溫暖的眼光注視著身邊的人，和諧的氣氛將在生活中散佈。

PART 2. 學會放下，才能活在當下

人的心往往比腿還累，

是因為不懂得放下多餘的行李。

提著這些過重的情緒旅行，

只會造成旅途的負擔。

學會放下，才能活在當下

人的心往往比腿還累，是因為不懂得放下多餘的行李。提著這些過重的情緒旅行，只會造成旅途的負擔。

每個人都有過這樣的經驗，不管提多輕、多重的東西，只要時間一久，一定會覺得手臂酸痛，恨不得下一秒就能將手中的東西放下。

實質的東西有重量的限制，會讓你立即感到疲憊、體能無法負荷，基於自我保護的本能，身體會提醒你趕快停止並且休息。

但是，那些都是外在的重量，至於內在的重量又是什麼？人的心靈所能負擔的又有多少呢？

有一個人脾氣不好，常常與人發生衝突。他認爲自己會這樣是天生的，無法控制，所以前往一間寺院，希望師父能幫助他改掉壞毛病。

師父聽完他的請求後笑著告訴他：「你生下來就有這種脾氣，眞是有趣啊！那你把『脾氣暴躁』這種東西帶來了嗎？拿出來給我瞧瞧，我看看有沒有辦法可以幫你醫治。」

那個人回答：「我沒帶它來。通常要在事情發生時，它才會跑出來。」

師父說：「你沒有把它帶來？可見『脾氣暴躁』不是生來就有的，要遇到事情才會發作。那不就表示這是你自己可以控制的，若你不想讓它發生，那麼脾氣暴躁這個東西就不會出現，這樣還有脾氣暴躁這種東西嗎？你不控制自己，卻將脾氣暴躁推說是父母生給你的，這樣豈不是陷父母於不義？眞是太不孝了。」

聽完了師父的回答，那個人摸摸頭不好意思地回家。

一位年輕的比丘在道光大師的門下許久了，但總是悶悶不樂，認爲佛門生活和俗世差不多，並不會因此讓人了卻心中之苦，淡然處之。他覺得自己的內心徬徨無助，找尋不到生活的意義，同時因爲個性多愁，和同門處得不太融洽，心情更加鬱悶了。

有一天，道光大師要這位年輕比丘前來，坐在自己跟前，卻一句話也沒對他說。就這樣過了許久，比丘心裡感到很疑惑，又不敢開口詢問大師的用意，開始有點坐立不安。

突然，一隻蚱蜢跳上比丘的衣服，他跳了起來，憤而抓住蚱蜢。

道光大師開口問他：「你打算把這隻蚱蜢放到哪裡？」

年輕的比丘回答：「放到瓶子裡。」

道光大師輕輕嘆了一口氣，意有所指地告訴年輕的比丘：「其實，你大可把牠放掉的。」

那一瞬間，比丘頓悟了，了解了世事的不如意，不如己願，都是自己造成的，只要肯放下就能解脫。原來，師父是用瓶中的蚱蜢來比喻自己。

讓我們來做個小實驗，舉起你的雙手，這是人體自然的動作。舉一分鐘還算簡單，如果十分鐘、二十分鐘、半小時過去，久了一定會受不了。然而，雙手負擔的僅僅是自己的重量，若將人的七情六慾換算成實質的東西，這重量必定不容小覷，若再將這些重量壓在我們的心上，一年、兩年，甚至一輩子，肯定會造成很大的傷害。不僅是心靈，連身體健康也會受影響，久了甚至牽連到身邊的人。

各式各樣文明病充斥於社會中，憂鬱症、躁鬱症等患者若不接受藥物控制，可能會做出自殘或傷害他人的舉動。很多的調查顯示，這些疾病最初是來自於心病，經過長期的壓抑累積成疾。

人的心往往比腿還累，是因為不懂得放下多餘的行李。提著這些過重的情緒旅行，只會造成旅途的負擔。壞脾氣、鬱悶都是自己造成的，一個念頭的轉換，就可以放下這些無形的重量，這是我們所能選擇的。

用微笑面對，才會擁有更多機會

我們不斷地被灌輸要有一顆寬容的心，被告誡心胸要寬大點，卻忽略了，寬容的背後是需要智慧輔佐的。

生命中的失敗、挫折，人際間的摩擦、齟齬，都只是一時，如果你選擇帶著微笑面對，就能替自己創造更多轉圜空間。

學會寬容，不僅僅是單純的退讓。如果只有一味的忍耐，心中並無寬容後所帶來的舒暢感，那只是一種短暫的壓抑。

這樣的方式，只會辜負了寬容的美意，更造成自己的困擾。

寬容，是需要用智慧學習的。

艾琳住在一個人口密度高的社區，當地停車問題極爲嚴重，幾乎家家有車，卻沒有足夠的停車位，住戶爲了車位問題，彼此之間常鬧得不愉快。因爲艾琳有棟雙門戶的家，並沒有停車上的問題，但也因爲這樣，時常有人將車子停放在她家前，有時會造成出入不便。

艾琳總是帶著笑臉，客氣地請車主將車子移開。艾琳出入上不受困擾時，她也不介意人們將車子停放在住家門口。

有位鄰居觀察了很久後，終於忍不住問道：「每個人都不希望自己家門前停放別人的車子，爲什麼妳都不會生氣呢？」

艾琳微笑的回答：「因爲我不須爲了停車位而煩惱，甚至有多餘的空間讓人停車，讓我感到很富足。」

從此之後，只要有人要停車在艾琳家前，都會先跟她打聲招呼，並且在離開的時候順道將地上垃圾帶走。

同樣的故事也發生在美國的一個小市場裡。

有一位中國婦人在市場中賣菜，由於她的蔬菜是自己栽種的，不灑農藥，加上是當天採收，特別的新鮮，因此生意非常好，常常供不應求。

周遭的攤販總是帶著羨慕的眼光，看著她攤位前絡繹不絕的客人而心生嫉妒，並有意無意的將垃圾掃到她的位子上。

婦人總是笑笑，什麼也沒說的將垃圾集中在自己攤子旁的角落，在收攤時將垃圾打包處理好。

一位巴西婦人從旁觀察了好幾天，終於藏不住好奇心，問中國婦人：「大家都故意把垃圾丟到妳的攤位上，難道妳都不在意嗎？」

中國婦人笑著說：「在我的家鄉有一個習俗，就是在過年的時候把垃圾往自家門前掃。垃圾越多，就代表新的一年會賺得更多。現在大家都把錢往我這兒堆，我怎麼能不開心接受呢？妳看，我的生意不是越來越好了嗎？」

從此以後，垃圾就不再出現了。

從小到大，不論是生活或課堂上，我們不斷被灌輸要有一顆寬容的心。當我們心裡不平衡時，只會被告誡心胸要寬大點，卻沒人教導我們，怎樣才是眞正的寬容。大家都忽略了，寬容的背後是需要智慧輔佐的。

故事中的艾琳與中國婦人的確在生活上受到了困擾，但是由於她們心態的轉換，認爲能讓人佔便宜，是因爲自己有這個福分，因此以寬厚的心來看待，更因而解決了問題。

人的耐心是有限度的，若只是以退一步來解決每件事，並不會擁有眞正的快樂。別人感受不到你寬容的美意，只會覺得你是憤而不言罷了。這樣不但事情解決不了，也會讓自己活在不滿中。

吃虧就是佔便宜、施比受有福、退一步海闊天空……這些古人的智慧的確有它們的價値，如何運用、理解，不是單單從字面就可以體會的。

讓自己的付出發自內心

為他人著想不代表完全的犧牲與奉獻，它的拿捏需要智慧指引。只要是真心，不管多麼小的舉手之勞，都會讓人深受感動。

在文明的社會裡，人必須在適當的時刻表現出自己的高尚德行。

然而，這些所謂世俗的禮儀、體諒與寬容……等等，通常都只是在自己的價值標準中行使。

我們常在心裡預設著：「我只要做到這一點就很了不起啦！」是不是發自內心為對方著想並不重要，僅是爲了背後沾沾自喜的自我滿足感。

這樣的美意，只會流於表面，而無法深達內心。

一位初出茅廬的畫家住在西班牙的馬約爾加島。有一年，他的母親前去探望他，待了數天後，在某日一早即將搭機離去。

他們費了九牛二虎之力，將兩箱笨重的行李，從一棟擁有兩百年歷史、沒有電梯的老公寓搬了下來。

當他們將行李拖到路邊時，早已氣喘吁吁、汗流浹背。

因爲居住的地方是個小鄉鎮，沒有公車，連計程車招呼站都沒有，想要到機場得碰運氣，看看有沒有剛好經過的計程車可以搭。因此，畫家怡然自得坐在路邊等待著。

等了快半小時，一輛計程車從對向車道駛了過來。畫家一看到，很開心站了起來，當他準備招呼計程車時，看見車內已經坐了一個人，於是又將舉起的手放了下去。

計程車往前開了一百公尺後突然停了下來，車上的乘客下車了。畫家開心地告訴母親：「我們眞幸運，那位乘客要在這兒下車。」

一位拄著枴杖，西裝筆挺，看起來頗有修養的老先生從車上走了下來。隨即計程車調過頭，開到了畫家前面。

畫家高興地將行李塞進了後座，打開車門坐了進去。畫家對司機說：「去機場，謝謝你。我們今天可眞幸運，不是嗎？」

司機不以爲然地開口：「要謝就謝剛剛那位老先生好了。他本來要去更遠的地方，但是他看到你們後就說：『我在這裡下車就行了。他們一早拿了那麼多行李站在路邊，一定是要去機場。既然要去機場就會有時間上的限制。我不趕時間，就在這裡下車等另一輛計程車好了。』」

畫家聽完非常吃驚，就請司機回過頭去找那位老先生。當車子開到他的身旁時，畫家打開車窗大聲對那位老先生道謝。老先生舉起手碰了碰帽子，微笑著說：「祝你們旅途愉快。」

俄國文豪高爾基曾經寫道：「真誠的關心，讓人心裡那股高興勁就跟清晨的小鳥迎著春天的朝陽一樣。」

出自眞心的幫助，不僅能藉善意的動作潤滑自己的人際關係，也會讓自己的心靈世界豐富起來。

雖然那位老先生並不趕時間，可是他的精神還是値得學習的。因爲，許多人只會在不違反自身利益的最小限度中體諒他人，那不能算是完全的體諒，而是順手給別人一個方便而已。

爲他人著想不代表完全的犧牲與奉獻，它的拿捏需要智慧指引。重要的是，當你付出的同時，是出於怎樣的心態；只要是眞心，不管多麼小的舉手之勞，都會讓人深受感動。

要求別人前，先要求自己

自私的人只會要求別人為自己而做，卻沒有想過能為別人做什麼。過度保護自己的後果，是只能活在不滿與埋怨的日子裡。

詩人雪萊說過：「假如你過分地珍愛自己的羽毛，不使它受一點損傷，那麼你將失去兩隻翅膀，永遠不能凌空飛翔。」

只會要求別人卻不懂得自我反省的人，最初的出發點就是過度愛惜自己，希望別人達到自己所要的，說白一點就是便利自己。

這樣的人用高標準要求別人，說得義正詞嚴，甚至擺出一副教導者的姿態，要別人虛心接受。如果仔細衡量這些要求，你會發現看似合理的東西，往往只爲

了個人的利益。

「我這樣做是爲你好！」在生活中你是否也常常聽到這一句話呢？

吉米是個條件不錯的單身漢，高學歷，且擁有一份令人羨慕的職業。年近四十的他，最大的心願就是擁有自己的家庭、溫柔老婆和可愛的孩子。

他也曾談過數次戀愛，有幾次都已論及婚嫁，但最後都因吉米對女友某些地方不滿而作罷。

兩年前，吉米遇到了夢寐以求的女孩，她端莊、美麗、大方，又善解人意。談了一場轟轟烈烈的戀愛後，他們決定共渡一生，但有一天晚上，他們談論婚姻生活時，女友談到了一些自己的看法，讓吉米感到有些不安。

爲了確定自己是否找到心中理想的對象，吉米在結婚前夕寫了一份長達四頁的婚前協議書，要女友看過簽名同意後才願意結婚。這份文件乾淨整齊，用金線框邊，愼重交到女友手上。

文件的內容寫滿所有吉米想到的婚後生活細節，包括上教堂的次數及奉獻金多寡、政黨傾向、老婆的職業和工作地點、開支如何分擔、與朋友來往的時間分配、將來要生幾個小孩和什麼時間生、誰負責照顧小孩等等，都有條不紊列了出來。在文件的最後還附註了幾點老婆必須養成的習慣，例如不抽煙、不喝酒、減少娛樂、適當打扮……等等。

準未婚妻看完這封文件後，氣得說不出話來。她不但沒簽名，還將文件退給吉米，並且附上一張紙條寫著：「一般的婚約上有著『有福同享，有難同當』這一條，這對任何人都適用，當然也適用於我，卻不適合你。因為你只有一顆自私的心，眼中只有自己。我們到此為止，這個婚約取消了。」

吉米收到回覆時，還委屈又不解地說：「我只不過是寫了一份同意書，這有錯嗎？結婚本來就是一件大事，當然要慎重好好考慮啊！」

吉米至今還沒找到自己理想的對象。

想要讓生活圓融，就要學會寬容的智慧，用寬容的心情面對惱人的事情，不能只活在自己的世界，一味以自己的眼光看待別人，一味以自己的主觀意識做爲行事標準。

遺憾的是，先人智慧中的嚴以律己、寬以待人，在現今的社會早已鮮少出現，取代而之的是「我想要、我希望……」，一切出發點都在「我」。當事情不如「我」意時，就渾身不對勁，因此，爲自己找了一堆理由後，名正言順的將這些不如意怪罪於他人。

自私的人只會要求別人爲自己而做，卻沒有想過能爲別人做什麼，久而久之只會鬧得雙方不愉快，也達不到目的。

如果出發點只是害怕自己的權利受損，別人不會感受到你口中的好意指點，只會認爲你自私自利。過度保護自己的後果，是只能活在不滿與埋怨的日子裡，到頭來吃虧的還是自己。

懂得包容，才會相互尊重

夫妻是人際關係中最親密的一環，但是要毀掉它卻很容易。來自不同家庭環境的兩個人要相處在一起，要互相包容和體諒才行。

有人說婚姻是愛情的墳墓。既然如此，爲何還要結婚呢？因爲，結婚是兩個相愛的人決定共度一生的社會儀式。爲了相同的理想和目標共組的家庭。簡單的說，就是兩個人一起過日子。

可是在婚姻生活裡，夫妻多少會對另一半抱持著某種「寄望」，希望能從中獲得某種利益。萬一實際狀況不如想像，就很容易發生爭執，很多的怨言因此產生。最常聽見的不外乎：「爲什麼你結婚前都不會這樣，現在卻如此。我眞是看

錯人了……」

是眞的識人不明，還是婚姻會改變一個人？或者有其他原因呢？

英國玄想派詩人鄧約翰的〈跳蚤〉一詩中，浪漫地將跳蚤聯想成能將兩人的血液融爲一體的橋樑，就像愛神邱比特的箭將兩顆心射在一起。

戀愛中的男女在公園漫步時，就算被蚊子咬得處處紅腫，癢得受不了，還是不以爲然。因爲蚊子咬了你，也咬了我，兩人的血液就浪漫的在蚊子體內結合了。有時眞的被咬到受不了時，男人還會安慰對方：「別擔心，蚊子會先咬我，等牠吸夠了血就不會去咬妳了。」

結婚後，當太太抱怨被蚊子吵得受不了時，先生只會睡眼惺忪不耐煩地說：「怕吵就掛蚊帳啊！」跟結婚前判若兩人，不再細心呵護。

可是到了老夫老妻時，先生又再度細心掛起蚊帳。一聽到蚊子細微的嗡嗡聲，就會馬上起身戴起老花眼鏡尋找蚊子的蹤跡。

一位高中老師邀請學生來家中用餐，學生嚐了一口師母做的紅燒獅子頭，感覺那個鹹度簡直像呑了海水一樣。但是礙於禮貌，還是勉強配了兩碗白飯，才將那塊紅燒獅子頭呑了下去。

這時，只見老師讚不絕口一個接一個吃著，直說著：「眞是太好吃了！眞是人間美味啊！」

等到用餐完畢，師母到廚房收拾善後，老師才偷偷倒了一杯白開水給學生，對他說：「對不起啊！你一定吃不習慣，你師母做的菜就是那麼鹹。」

學生心裡疑惑：「既然那麼難吃，爲何老師還一邊吃一邊讚美呢？」

像是看穿了學生的心思般，老師再度開口：「你一定很好奇爲什麼我吃個精光，還一直讚美對吧？」

沒等學生回答，老師說了一句話：「因爲，這是我老婆做的。」

婚姻這條路是崎嶇難行的，需要負的責任也更多，往往必須比戀愛時多一點的寬容，才有辦法維持下去。

夫妻是人際關係中最親密的一環，但是要毀掉它卻很容易。「因爲是夫妻」，就很容易產生理所當然的想法，對方應該要無條件體會、諒解自己。我們可能會注意到朋友的感覺，卻忽略對另一半的尊重。

婚姻是需要經營的，從對方的錯誤中找到自己的責任，才是相愛的最好方法。來自不同家庭環境的兩個人要相處在一起，彼此都要有點「犧牲精神」，互相包容和體諒才行。

有時候，不一定是對方變了，而是你沒有察覺到他的溫柔。

改變心態，就不會繼續受傷害

許多人被仇恨困擾著，這種折磨是日以繼夜，永不停歇的。

或許我們無法改變傷害自己的人，但是我們能選擇不傷害自己。

社會案件中，很多加害者最開始曾經是受害者。他們的遭遇讓人聽了不免心酸，但是他們選擇的解決方式，卻讓人感嘆而唏噓不已。

他們雖然報復了傷害自己的人，但最終還是得接受法律的制裁，讓自己的後半生背負著罪名，人生也等於結束了。

眞正聰明的人懂得適時放下痛苦，用寬容的心情看待過往的事情，不會懷抱著仇恨的心態，讓自己繼續受到負面情緒的傷害。

在一座荒涼的山上，傳言著每到晚上就會出現一個女鬼，把路過的旅人害死，沒有一個人能在夜晚活著走出那座山。

這天，從遙遠的地方來了一個雕刻師父，受了山另一邊的小鄉村之邀，特地前去爲他們新蓋好的廟宇雕刻神像。當他趕路到了山腳下時，天色已晚，附近的居民一聽他要到山的另一頭，紛紛勸他等天亮再出發，並告訴他女鬼的傳聞。雕刻師父聽了雖然心裡毛毛的，但是爲了如期赴約，謝絕了村民留他過夜的好意，仍然往山裡走去。

一路上涼風陣陣，時而傳來野獸的叫聲，月亮被烏雲遮住了顏色。雕刻師父不敢停止腳步，在伸手不見五指的路上靠著一盞小小的煤油燈不停地走著。突然，一陣撲打聲迎面而來，雕刻師父嚇得掉落了煤油燈，原來只是一隻飛鳥。正當他要撿起油燈時，突然傳來一聲輕輕的嘆息。

雕刻師父想起村人的話，全身毛骨悚然，但仍提起勇氣將燈往聲音的來源一照，原來是一個身穿白衣的年輕少婦。

少婦告訴他，自己是因爲趕路要到山下村莊，不小心在山上跌傷了腳，求助無門，天色又暗了，不得不留在此地等天亮。

雕刻師父聽完立即表示，留在這裡太危險了，要背少婦到安全一點的地方，等天色亮一點再結伴同行，彼此也有個照應。於是，她背著少婦走了一大段路，終於找到一個可以棲身的地方，就停下來生火休息。

這時雲散了，月亮也探出頭來。雕刻師父在附近撿到一塊材質不錯的木頭，藉著月光，看著少婦，就刻了起來。

少婦好奇地問他在做什麼，雕刻師父回答說：「我覺得妳跟救苦救難慈悲爲懷的菩薩很像，想刻個菩薩像。」

少婦一聽，立即淚如雨下，原來，她就是傳聞中的女鬼。

她原是一個喪夫的寡婦，要到山的一頭投靠親戚時，路上遇到了強盜，受辱後被殺掉。因爲心懷怨恨，她的魂魄一直徘徊在這座山裡，最後化身爲厲鬼，在夜晚出來殺人。

沒想到雕刻師父卻說她有著菩薩的面容，因爲如此，她放下了心中的怨恨，雕刻師父也平安離開了那座山。

少婦的遭遇令人同情，她的作爲卻傷害了無辜的人，自己也因怨念無法離開受害地點，最後成了加害人。這樣的她，反而沒有自痛苦中解脫，而必須一再的回憶自己的傷痛。

這個故事其實反應著現實的人生。許多人被仇恨困擾著，平時被別人欺負，私底下還要因爲怨恨纏繞而沒有心靈舒坦的時候。這種折磨是日以繼夜，永不停歇的。仔細想想，或許我們無法改變傷害自己的人，但是我們絕對可以選擇不要再一次傷害自己。

每個人的心中都有一個菩薩，就像故事中的雕刻師父喚起了少婦心中的良善，保住了自己的生命，也幫助少婦脫離苦海，只要我們能保有心中的菩薩，就有辦法面對難以克服的怨恨。

別用成見替別人貼標籤

這個世界上，沒有什麼錯誤是不可原諒，不能回頭的。最可悲的是，善念的幼苗初長之時，人們卻將它踐踏、摧殘。

眞正讓奇蹟消失的，是一顆冰冷的心。

是否曾經發現，當你用嚴厲的語言責怪他人不知好歹、不求上進，是個沒用的廢物時，自己卻成爲推他往火坑裡跳的加害者。

一個人在誤入歧途後，能再走回正途，是難能可貴的。可是爲什麼現代社會犯罪者的「回籠率」那麼高呢？我們相信其中部分的人是眞的有改過向善的心，但是最後爲何重蹈覆轍？

那是因為人們已為他們貼上標籤、做了記號，不肯給他們重生的機會，即使他們早已為自己的行為付出代價。在無法生存的環境下，心寒了、也死了，只能再走回頭路。

凌晨時分，天色還是一片昏暗之時，深山的一座寺院前跪著一個身影。清晨露珠一滴滴的浸濕了衣裳，他仍不為所動。

原來他是某大戶人家的公子，二十年前被家人送到寺裡當小沙彌。他的天資聰穎，悟性極高，深受老方丈的喜愛。方丈將畢生所學，一點一滴毫不藏私傳授給他，希望他能繼承衣缽，成為最出色的佛門弟子。

日子一天天過去，小沙彌慢慢長大了。方丈看著日有所成的他，心裡備感欣慰。誰知小沙彌二十歲那年動了凡念，從此無心於佛法，方丈心裡很著急，卻不知道該怎麼辦。直到一天夜裡，小沙彌再也忍不住了，趁著方丈熟睡之際，伴著月光離開了寺院。

來到山下後，都市的五光十色呈現在他眼前。從此他流連花街柳巷，成了風流的浪子，放浪形骸的行徑讓人搖頭不已。

就這樣夜夜笙歌過了好幾年，有一天夜裡，他突然驚醒，看著桌上杯盤狼藉，感到一陣空虛。他穿起外衣走到窗前，清澈的月光照在他身上，他不禁想起離開寺院的那個夜晚。當他轉頭見到鏡中的人影時，覺得對自己很陌生。他將酒瓶砸向牆腳，抱頭痛哭了起來。

他忽然深感懺悔，立即衝出門外，快馬加鞭往寺院奔去。

「師父，請您原諒我的過錯，再一次收我做弟子好嗎？」他跪在寺前，不停懇求著。

方丈看著當年的小沙彌如今卻成爲一個浪蕩之人，厭惡感油然而生，不住搖著頭。浪子見方丈不爲所動，準備再一次開口時，方丈揮了揮手制止他，並說：「你的罪孽深重，落入阿鼻地獄，佛祖也救不了你。除非——連桌子也會開花，佛祖才會原諒你。」

方丈隨手指向供桌，浪子聽完，失望地離開了。

第二天早晨，方丈踏入佛堂準備做早課時，眼前出現讓他難以置信的景象，佛桌上開滿了一簇又一簇鮮艷的花朵，紅色、白色，隨著風搖曳著，整個佛堂充滿香氣。方丈頓時大徹大悟，連忙下山尋找浪子，但是已經來不及了，浪子早已不知去向。佛桌上的花朵，也只開放了短短的一天。

同樣的傷害，不時發生在生活中，只是我們不曾發現。例如，父母教育孩子時，常會有一種「我爲你付出了那麼多，你卻不爭氣的想法」，卻沒有看到孩子盡力的一面。

長期的苛責下來，不僅親子關係陷入低潮，也罵走孩子的自信。

這個世界上，沒有什麼錯誤是不可原諒，不能回頭的。最可悲的是，善念的幼苗初長之時，人們卻將它踐踏、摧殘，然後說著：「你看，我早就知道他不是一個好東西。」

別讓佛桌上開出的花朵因爲自己冰冷的心，而成了曇花一現。

多一點寬容就多一點幸福

愛惜自己的生命，珍惜身邊的人。幸福沒有鑰匙，只有梯子，當你找到爬上去的方法，你就能擁有它。

幸福沒有標準，全出於自己的心態，這正是所謂：「一個人的天堂，往往是另一個人的地獄。」

有些人窮其一生尋尋覓覓，就為了追求自己的幸福，從外在的金錢到內在的情感追求，看似圓滿了，卻還是缺少想要的幸福。

這是爲什麼？找到幸福眞的那麼難嗎？

對一個辛苦工作勞累一天的人而言，能洗個舒舒服服的澡，就是一種幸福。

一位母親忙進忙出準備晚餐，一想到全家人能有頓營養的晚餐可吃，也會感到幸福。對你而言，到底怎樣才是幸福呢？

一位年輕的少婦，某次回娘家時，不斷跟母親抱怨著自己的丈夫，數落他沒有好一點的工作，賺的錢也不多，人又沒情調，每天過著毫無變化的生活，實在無趣極了。

母親笑著問她：「你們相處的時間多嗎？」

女兒無奈的回答：「多到我看見他就煩。」

母親沉默了許久，最後幽幽地開口說：「當年你父親上戰場之時，我日夜盼望的就是他踏進家門的那一刻。我多麼希望他能早日凱旋歸來，跟他共度下半輩子。可是，在一場戰爭後，我就再也沒有他的消息了。我多麼希望他能陪伴在我身邊。」

母親的眼淚一滴滴落下，女兒若有所思靜默著。

一個坐在屋前的小男孩手裡拿著糖果罐搖啊搖的，只聽到叮叮咚咚清脆的撞擊聲。路人問他爲什麼不拿出來吃時，他說：「裡面只剩下一顆糖果，我不想把它吃掉。當我搖著罐子時，聽到了糖果的聲音就很開心。因爲我知道我還有一顆糖果。」

一位失聰的少女在畫展上看到了一幅又一幅美麗的山水畫，神情專注且細細的品味著。突然，她高興的轉過身對朋友說：「我聽到了！我聽到了！我聽到了小河潺潺的水流聲、鳥兒在山林間歌唱，還有風兒從樹梢經過時對大樹說的悄悄話……」

在一位老媽媽結婚五十週年紀念那天，現場的來賓問起她保持婚姻幸福的秘訣時，她回答說：「從我結婚那天起，我就列出了丈夫的十條缺點。我時常提醒自己，爲了我們婚姻的幸福，只要他犯下的錯是這十條中的任何一條時，我都願意原諒他。」

當人們好奇那十條缺點到底是什麼時，她回答：「老實告訴你們，這五十年

來我從來沒有具體列出這十條缺點。每當我被他氣到跳腳，我都告訴自己，算他好運，他犯的是我可以原諒的十條錯誤中的一個。」

看到喜憨兒努力克服生理上的障礙，辛勤工作的身影，我們常常脫口而出的就是：「好可憐喔！」或許在生活上他們有許多不便之處，但是在心靈上，他們擁有的幸福是你所無法想像的。因爲他們只有一個單純的想法：我還能工作，不是社會的負擔。

在這麼多例子裡，我們可以了解，幸福的途徑不僅來自於得到，連付出也可以是一種幸福。婚姻上，必定有許多爭執與不滿之處，只要能給彼此多一點寬容，就能得到幸福。

愛惜自己的生命，珍惜身邊的人。幸福沒有鑰匙，只有梯子，當你找到爬上去的方法，你就能擁有它。

PART 3.

不要被別人的情緒牽著走

片刻的惱怒往往使人瘋狂，

這時若是你讓情緒控制了自己，

那麼，你就失去掌控全局的主導權。

勇於開創，才能找到成功的方向

只要勇於創新、勇於發想，勇於走一條沒有人走過的道路，常常能讓我們絕處逢生。

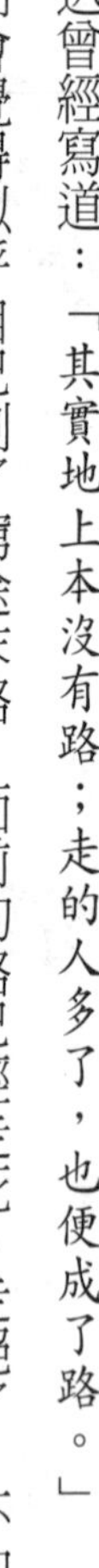

作家魯迅曾經寫道：「其實地上本沒有路；走的人多了，也便成了路。」

常常我們會覺得似乎自己到了窮途末路，面前的路已經走死、走絕了，不知道下一步還能怎麼辦？這個時候，或許可以想想魯迅的這句話。

路是人走出來的，這條路不通，不表示另一條路也沒辦法帶領我們走向光明、走向高峰。地上本來沒有路，若我們有勇氣智慧「發現」新的道路，做那第一個走這條路的人，在面前等待我們的，將會是驚喜與奇蹟！

在美國的佛羅里達州有一位農人，花了許多錢買下一塊土地。但是他在斥下巨資購買之後才發現，這塊土地貧瘠到種不了任何農作物，不論種什麼都沒有辦法收成，他的心情因此變得沮喪，心想：這下完蛋了！

有一天，他偶然發現在附近的矮灌木叢中竟然藏著許多響尾蛇。

他靈機一動，決定在這塊極其惡劣的土地上大量飼養響尾蛇，生產響尾蛇罐頭，此外大量將蛇的毒液提取出來作爲血清銷售。不久之後，他發現這個點子帶來的收益簡直好極了。

沒多久，他又突發奇想，把整個農莊買了下來。村民都不瞭解他爲什麼要這樣做？把一個沒有生產、又沒有特色的農莊買下來做什麼？

沒想到，這人將買下的農莊改建成一整座「響尾蛇村」，每年吸引上萬的觀光客來此參觀。後來，連當地的郵電亭都印著「佛羅里達州響尾蛇村」的戳記，供前來觀光的遊客購買收藏。

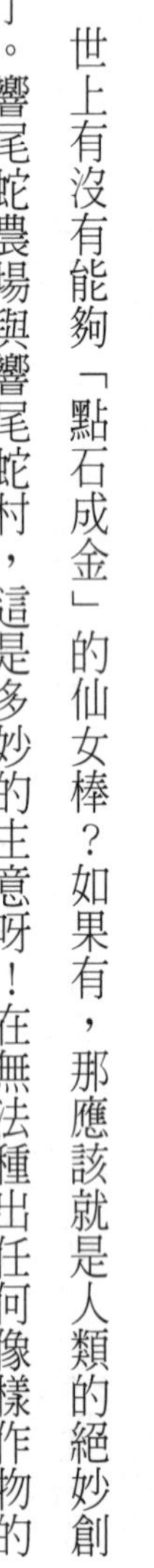

世上有沒有能夠「點石成金」的仙女棒？如果有，那應該就是人類的絕妙創意了。響尾蛇農場與響尾蛇村，這是多妙的主意呀！在無法種出任何像樣作物的荒地上，因爲這位農人的創意與實踐，創造出了經濟奇蹟。

誰說買地來一定要種農作物呢？誰說一塊沒辦法種植作物的地沒有用呢？這個故事告訴我們：只要勇於創新、勇於發想，勇於走一條沒有人走過的道路，常常能讓我們絕處逢生。

問問自己：我是不是正站在人生的十字路口上？或者我其實走在一條看來大家都在走，但自己走起來卻特別沒意思的路上？那麼，這或許是一個讓我們走出自己道路的機會。

不妨動動腦，勇敢邁開腳步吧！之後或許會有更多的驚奇等著你呢！

不要被別人的情緒牽著走

片刻的惱怒往往使人瘋狂，這時若是你讓情緒控制了自己，那麼，你就失去掌控全局的主導權。

一對父子搭火車出外旅遊，途中有位查票員來驗票，情急之下，父親到處找不到車票，使得查票員口出惡言，怒目相向。

事後，兒子問父親，「剛才爲什麼不還以顏色呢？」

父親笑著回答：「如果這個人可以忍受他自己的脾氣一輩子，我爲什麼不能忍受他幾分鐘呢？」

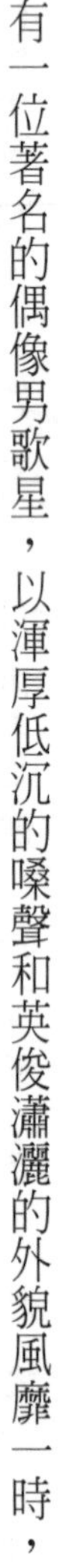

有一位著名的偶像男歌星，以渾厚低沉的嗓聲和英俊瀟灑的外貌風靡一時，令許多海內外的歌迷都十分爲他傾倒。

有一回，偶像歌星到外地演唱三天，每天早上，他都會接到飯店服務生送來的鮮花，這些鮮花、禮物、卡片對偶像歌星來說已是習以爲常，除了無比的感激之外，他並不以爲意。

沒想到演唱會結束的隔天，當他在餐廳用完早餐準備到櫃台辦理一些手續時，迎面突然來了一個面紅耳赤的男人，握緊雙拳對他大喊：「你是什麼東西？居然搶別人的老婆……」

男人說了一連串不堪入耳的粗話，大廳裡的賓客冷眼旁觀、議論紛紛。偶像歌星則感到莫名其妙，心想追求自己的女人不計其數，他有必要去勾引別人的老婆嗎？

偶像歌星等待男人冷靜下來，一問之下才發現，原來這個男人的妻子，就是

每天早上送一大束玫瑰給他的女歌迷。

這名粗魯的男人罵上了癮，不但越說越激動，還動手拉扯偶像歌星的衣袖，糾纏不休。飯店警衛看到這種情況，急忙趕了過來，試圖將這個男人拉開，但是卻被歌星伸手制止了。

歌星微笑著對這個怒氣沖沖的男人說：「這樣好了，我們先靜下心來，上樓到房間裡聊聊吧。」

「去就去，我還怕你不成！」男人氣呼呼地回答。

兩人進到了偶像歌星的房間，房門一打開，房間裡竟然四處擺滿了鮮花，連廁所的角落都不放過。

這時，偶像歌星無奈的聳聳肩，說道：「你說吧，哪一束是你老婆送的？我還給你。」

科爾頓有句名言：「我們憎恨那些人，是因為我們不認識他們；而我們永遠

也不會認識他們，因為我們憎恨他們。」

片刻的惱怒往往使人瘋狂，這時若是你讓情緒控制了自己，那麼，你就失去掌控全局的主導權。

大聲的人未必有理，發怒對事情也沒有什麼幫助。不要被別人的情緒牽著走，否則你只會步上他們的後塵；不管遭受到多麼不合理的待遇，能夠控制自己情緒的人，才有道理可言。

世間的是非只爲多開口，煩惱皆因強出頭，充滿自信的人因爲能控制自己的情緒，忍耐一時的衝動，因此他們的人生旅程，比暴躁易怒的人少了許多狂風暴雨的侵襲。

偏見會造成錯誤的判斷

艾德華・米羅有句名言：「每一個人都是自己經驗牢籠的囚犯。沒有一個人能消弭偏見，重要的是要認清偏見。」

有人說，偏見最能節省時間。因爲它讓你不需費力去尋找眞相，就能迅速建立對這件事情的看法。很多時候，充滿偏見與冥頑不靈的人並不是緊緊抓住觀念，而是被他自己的觀念緊緊束縛住。

人要過得自在，就必須讓自己心無罣礙。因爲唯有心靈先打理乾淨了，心情才可能獲得眞正的平靜。

很多時候，只要懂得轉換心情，就會發現許多事實在不值得煩憂、氣悶，心也會因爲一個轉念之間，變得堅強成熟。

某一天晚上，一位婦女隻身來到機場候機，看一看時間，離飛機起飛還有好幾個小時，因此，她到機場商店裡買到了一本書，順便買了一袋小餅乾，找了個地方準備悠閒的度過這幾個小時。

正當婦人沉浸在書本裡，卻無意中發現，那個坐在她旁邊位子上的男人，竟然如此無禮，大剌剌地從他們中間的袋子裡抓起一塊餅乾，接著放進嘴裡咀嚼得津津有味。

女人假裝沒看見這件事，她可不想爲了一兩塊小餅乾而對人大發雷霆。

難道他沒發現她已經發現了嗎？「偷餅賊」對女人投射過去惡意的眼神視而不見，只是自顧自的繼續從袋子裡抓起餅乾往嘴裡塞。

不知道是哪個落後國家的人，居然這麼厚臉皮！女人越想越氣憤，而且像故意刺激她似的，只要她拿起一塊餅乾，他便馬上跟著也拿一塊。

當剩下最後一塊時，那個竊賊的臉上竟浮現出微微的笑意，只見他略帶拘謹的抓起了最後那塊小餅乾，把它從中間分成兩半，然後遞給她半塊，自己吃了另外一半。

女人從竊賊手中搶過半塊餅乾，心想：「這是什麼世界啊！居然有這種事情！這個傢伙外表看來雖然有點靦腆，但卻真的很無恥，他吃光了我整袋餅乾，卻連一句感謝的話都沒有說！這年頭，難道人們都不知道感激爲何物了嗎？」

當她的航班通知登機時，女人如釋重負地鬆了口氣，她已經不能忍受再和這種人相處任何一分鐘，所以連忙收拾起自己的行李走向登機口，拒絕回頭看一眼那個「偷竊而且不知感恩的人」。

婦人怒氣未消地登上飛機以後，找到位子坐好，然後準備繼續讀那本看到一半的書。當她把手伸進旅行袋時，她的心猛然跳了一下，緊張得幾乎透不過氣來，因爲她摸到了一個圓鼓鼓的東西，正是她剛才買的那一袋餅乾！

原來，那個「厚顏無恥、不知感恩的偷餅賊」不是別人，正是自己！

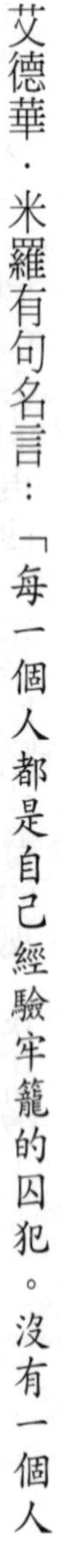

艾德華·米羅有句名言：「每一個人都是自己經驗牢籠的囚犯。沒有一個人能消弭偏見，重要的是要認清偏見。」

深夜回家的時候，看見對面的房子燈還亮著，有人會認爲這或許是媽媽在哄孩子睡覺，或許是學生在挑燈夜戰。但是，也一定有人會在心裡說：「天哪！這麼晚了，還有人正在偷情！」

我們經常被自己的經驗法則所左右，以致於顛倒是非、指鹿爲馬。

偏見影響人甚鉅，我們不能保證自己不去錯誤的評斷他人，我們只能盡力而爲，在尚未了解一個人之前，別帶著有色眼光看人。

想太多，只會讓自己退縮

在面對第一次的時候，難免會有些猶豫、有些「想太多」的不安，但我們只管做好準備，然後放開自己的腳步就對了。

愛默生曾經說過：「好的思想如不付諸實行，何異於空喜一場的好夢。」有夢最美，但也要著手實踐，才能夠夢想成真，如果我們只敢夢而不敢實際行動，那麼這場夢終究不過是一場夢而已。

要實現夢想，當下實踐是最重要的。

當你站在起跑線上面對人生的「第一次」，對於未知的未來感到猶豫不決的時候，不妨提醒自己保有好心情。

瓊斯是新聞系的高材生，大學畢業後如願考入當地的《明星報》擔任記者。這天，他的上司交給他一個任務：採訪大法官布蘭戴斯。

第一次接到重要任務，瓊斯並沒有欣喜若狂，而是愁眉苦臉。他想，自己任職的報紙又不是當地的一流大報，自己也只是個名不見經傳的小記者，大法官布蘭戴斯怎麼會接受他的採訪呢？

同事史蒂芬獲悉他的苦惱後，拍拍他的肩膀說：「我瞭解你的困擾。讓我來打個比方吧！這就好比躲在陰暗的房子裡，然後想像外面的陽光多麼熾烈一樣，想再多都是沒有用的，最簡單有效的辦法就是往外跨出第一步！」

說著，史蒂芬拿起瓊斯桌上的電話，查詢布蘭戴斯的辦公室電話。很快，他與大法官的秘書接上了線。

接下來，史蒂芬直截了當地提出要求：「我是《明星報》新聞部記者瓊斯，想要採訪法官，不知道他今天能否接見我呢？」

史蒂芬一邊接電話，一邊不忘抽空向目瞪口呆的瓊斯扮個鬼臉。不久，史蒂芬準備結束通話：「謝謝你。明天一點十五分，我會準時到。」

只見他向瓊斯揚揚話筒：「明天中午一點十五分，你的約會訂好了。」

多年以後，昔日羞怯的瓊斯已成爲《明星報》的台柱記者。回顧此事，他仍覺得刻骨銘心：「從那時起，我學會了單刀直入，做來不易，但很有用。而且，第一次克服了心中的畏怯之後，下一次便會容易得多了。」

作家薩迪曾經寫道：「有白天就會有黑夜，有快樂就會有痛苦。」

人生的過程中，如果我們不想讓自己的心情起起伏伏，首先就必須領悟，不論是快樂還是痛苦，都必須用歡喜的心情來面對，保持好心情，才能不斷遇見美好的事情。

人總是有第一次，第一次上學、第一次考聯考、第一次上台演出、第一次參加面試、第一次拜訪客戶，甚至包括第一次接吻……

這些許許多多的第一次，或許在其中有緊張、有期待、有不安、有快樂、有痛苦……但不論是什麼樣的情緒與過程，都一樣交織成生命中最重要的回憶，也標示著生命中許多不同的階段。

凡事都有第一次，第一次面對它的時候，難免會有些猶豫、有些「想太多」的忐忑不安，但我們只管做好準備，然後放開自己的腳步就對了。沒有人天生就能把自己的才能完全發揮出來，必須勇於累積許許多多的「第一次」，才能逐步走向純熟。

要知道，即使一開始的結果不那麼理想，即使是跌跌撞撞地邁出第一步，只要有了開始，對未來的影響絕對都是正面的。

敢衝敢撞，好過坐以待斃

蒙著頭橫衝直撞，雖然可能會撞得頭破血流，但世上哪有不需流汗、不需流血的成功呢？

歌德曾說：「光有知識是不夠的，我們還必須應用知識；光有意志是不夠的，我們還必須付諸行動。」

一個人的知識可能會有窮盡的時候，但是他的腳步卻不應該就此停駐。一個人總會有迷惑、不知所從的時候，但是他的行動更不應就此停止。

遇到困境時，不用心情沮喪，也不要留在原地等待拯救，必須勇敢邁開腳步。若是不知道該怎麼辦才好，最好的方法就是自己想辦法試出來！

美國康乃爾大學有一位維克教授曾做過這樣一個實驗：

他把幾隻蜜蜂放進一個平放的瓶子中，瓶底向著有光的一方，瓶口敞開。只見蜜蜂們拼命向著光亮處飛，一次又一次撞在瓶壁上。最後，當蜜蜂們明白自己飛不出這個瓶底時，便不願意再浪費力氣，停在光亮的一面奄奄一息。

之後，維克教授倒出蜜蜂，把瓶子按原樣放好，再放入幾隻蒼蠅，結果不到幾分鐘，所有蒼蠅都飛出去了！

怎麼會這樣呢？

經過幾次的觀察，維克教授發現了答案。

原因很簡單，蒼蠅們並不朝著一個固定的方向飛行，牠們會多方嘗試，向上、向下、向光、背光，只要有一邊通了，就立刻改變方向，雖然免不多次碰壁，但是，蒼蠅們最終會順著瓶口飛出。

牠們用自己的努力，免去了和蜜蜂一樣的命運。

根據這項實驗，維克教授最後總結出一個人生觀點：橫衝直撞，總比坐以待斃要高明得多！

「橫衝直撞好過坐以待斃」這句話，不只適用於蜜蜂與蒼蠅，對每個人來說亦是非常實際的至理名言。

現代人常常犯了「太聰明」的毛病，一旦遭受小小的挫折或困厄，寧可像蜜蜂一樣選擇留在原地，也不願意學蒼蠅蒙著頭四處碰壁。

這種心態大概可以描述爲：「反正也不知道以後會怎樣，何必付出這麼多？」「只要放手去做就一定可以成功嗎？你能夠保證嗎？如果不成功怎麼辦？」……其實，這也就是「不願嘗試」的心態作祟。

世上沒有「保證百分百成功」的路，就算有，那也未必都適合我們。除非我們捨棄太多功利的算計與計較，實際去嘗試，不害怕失敗與付出，否則永遠不會知道哪一條道路最適合自己走，就如同蜜蜂永遠不會知道瓶子的哪一邊是正確的出口。

「太過聰明」的蜜蜂，最後的結果就是自葬前程；蒙著頭橫衝直撞的蒼蠅，反倒能為自己開出一條血路。

雖然得要付出一些代價，可能會撞得頭破血流，但是，世上哪有不需流汗、不需流血的成功呢？

太過衝動，小心欲速則不達

不管做任何事情，操之過急只會讓自己吃虧。能夠沉得住氣，再三確認步驟與細節，事情才能做得既漂亮又有效率。

要知道，聽人家把話說完不但是一種基本禮貌，對自己也是一種保障，因爲我們永遠無法事先預知對方究竟想表達什麼意思，爲了節省事後補救的功夫與時間，多花幾秒鐘把話好好聽完，可以說是最划算的「投資」了。

尤其，當我們從客戶或是上司那裡得到命令或吩咐的時候，更應該仔細把對方的意思弄清楚再開始行動。

有個講話總是結結巴巴的人到商店買飲料，因爲不確定自己錢帶得夠不夠，於是打算問老闆。

結巴：「老老老老老老闆，一一一一瓶瓶瓶可樂……」

急性子的老闆聽得十分難過，沒等他說完就幫他拿了一瓶可樂。

結巴又問：「多多多少錢？」

老闆耐著性子回答：「十八塊！」

結巴：「買買買買買買買買……」

老闆實在聽不下去了，等不及他講完，就幫他把瓶裝可樂打開。

結巴：「……買買買不起……不不不不要了。」

當急性子的老闆遇上結結巴巴的客人，沒耐性、急就章的後果，就是白白損

失了一瓶可樂。

英國哲學家法蘭西斯．培根就曾經這麼說過：「過於求速，是做事時最大的危險之一。」

爲什麼沒有耐心的人特別容易做錯事呢？這是因爲他們總是嫌了解細節太過麻煩，不肯多花一些時間做確認的工作，經常連狀況都沒弄清楚就埋著頭往前衝。

這麼衝動的後果，往往是等到事情進行了一半才發現自己錯得離譜，但一切卻都爲時已晚了。補救的話，得要花上很大的精力，但不補救，成果又令人無法接受，這種進退不得的狀況可以說是最糟糕的。

別忘了，不管做任何事情，操之過急只會讓自己吃虧。特別是在重要的關鍵時候，一定要能沉得住氣，再三確認步驟與細節，才能把事情做得既漂亮又有效率。

要得太多，小心賠得更多

日常生活中，不要有非分之想，取物要適可而止；否則貪念一起，就像掉落無底洞，讓人不可自拔。

拿破崙曾經這麼說過：「當人們停止勾心鬥角、爾虞我詐之時，他們也就停止了思考。」

奸詐是人的本性，貪心更是人的天分，當「奸詐」碰上「貪心」，究竟誰才會是最後的贏家呢？

一位富商和一位賣饅頭的小販在半山腰上不期而遇，這時正值連日豪雨引發山洪，山下更是氾濫成災。兩個人不幸被這場洪水困在山上，求助無門。他們不知道這場水災要持續多久，只能默默地祈禱老天爺別再開玩笑。

兩天後，富商身上所帶的糧食全部吃光了，只剩下滿滿一袋錢幣，而賣饅頭的小販儘管身無分文，卻還剩下一袋饅頭。富商於是提出建議，要用一個錢幣和小販交換一個饅頭。

如果是在平時，富翁的一個錢幣就已經可以買一整袋饅頭，這是再划算不過的事了。但是，小販卻不同意這樣的交易，認爲這是千載難逢的好機會，非狠狠敲他一筆不可。因此，小販堅持要用一整袋饅頭換富商手中那一袋錢幣。

算一算，每個饅頭還須花上三個錢幣，眞是獅子大開口。但是，爲了保命，富商只好勉爲其難地答應。

過了一天又一天，洪水始終沒有一點退去的跡象。富商吃著從小販手裡買來的饅頭，生計倒也不成問題，而賣饅頭的小販一連幾天沒東西吃，早已餓得飢腸轆轆、苦不堪言。最後，他實在忍不住，開口向富商要求，用原來三個錢幣的價格買回其他剩下的饅頭，但是，富商只答應他一部分條件，讓他用十個錢幣來換回一個饅頭。

到了洪水退去的那天，饅頭已經全部被吃光了，而那一袋錢幣也原封不動地又回到富商的口袋中。

證嚴法師說：「日常生活中，不要有非分之想，取物要適可而止；否則貪念一起，就像掉落無底洞，讓人不可自拔。」

偷雞不著蝕把米，貪心通常都不會有好下場。偏偏人多少都抱著一絲僥倖的心裡，覺得倒楣的一定不會是自己，把所有佔人便宜的機會都當成是「上天的眷顧」。

要受過多少教訓，人們才可以學乖？當人們對自己的任何行爲都感到心安理得時，有時反而最可能犯錯。

要得太多，小心賠得更多。

要把自己的誠意表現出來

有些話，即使再怎麼支吾結巴也要講出來，不講出來，別人永遠不知道你的心意，誤會往往就是這樣造成的。

笑是人的優良本能，也是人際關係中最好的調劑。

然而，不是每件事都憑著一味地傻笑就能過關的，總要在適當時補上幾句得體的話，你的笑容才會顯得更有誠意！

下面是一則笑話，告訴你那「幾句話」的重要。

有一天，老陳的老同學到家裡來拜訪，二個人多年不見，便在客廳裡天南地北地聊著。話匣子一開就沒完沒了，不知不覺已經到了晚餐時間。老陳五歲的小兒子跑進來，趴在爸爸的肩膀上咬耳朵。

老陳和朋友聊得正高興，看到兒子這麼沒規矩的行為，大聲訓斥道：「真沒禮貌！當著客人的面咬什麼耳朵？爸爸不是告訴過你，做人要坦蕩蕩，有什麼話不能明講的！」

小兒子受到爸爸的訓斥，只好乖乖聽話，順從地說：「媽媽要我告訴你，家裡沒有菜，不要留客人吃飯。」

一時間，兩個大人都當場楞住了。即使朋友原本就沒打算留在老陳家吃飯，但是聽了這番話也難免不悅；彷彿在下逐客令似的，多尷尬的場面，這下子怎麼解釋啊？

還好老陳足智多謀，腦筋一轉，伸出手來，在兒子的小腦袋上輕輕打了一下，然後說：「你這個小笨蛋！我不是告訴過你，只有隔壁囉唆的王大嬸來時，才要跑過來說這句話嗎？你怎麼搞錯了？」

如果老陳當時只是尷尬地傻笑，甚至伸手搔了搔頭，老朋友也許不會在意，但是還好意思繼續待在老陳家裡嗎？

識相的話，一定先找個藉口告辭，而且以後再來拜訪老陳，就算心裡不存芥蒂，也會刻意挑個「適當」的時間。多年的朋友彼此間相處變成要小心翼翼，這是多麼可惜的一件事！

也許，你不能像老陳一樣補漏洞補得這麼圓滑，但是，也總該有一些適時的善意表示。凡是明眼人都看得出來，這個孩子只是在為母親傳話，根本沒有搞錯什麼，但是你多講了那幾句話，代表的正是你的誠意。

告訴別人不要在意，一個心情的轉彎，感受就全然不同了。

有些話，是省不得的，即使再怎麼支吾結巴，再怎麼冷場怪氣，也要適時地講出來。倘使你不講出來，別人永遠不知道你的心意，彼此之間的誤會往往就是這樣造成的。

PART 4.

用心就能改變自己

只要肯用心，

「記性不好」就不會是阻撓自己的藉口。

端看你願不願意花心力找出解決的方法，

如此而已。

懂得欣賞，也是一種學習

如果我們能用開放的心靈，用心發掘他人的好，虛心學習，不也能讓自己的智慧在無形中獲得新的進步，永遠不乾涸嗎？

法國物理哲學家帕斯卡曾經說過這麼一句很有意思的話，他說：「一個人的理解力越強，就越能發現別人的新穎獨到之處；普通人則找不出人與人之間的任何差別。」

這句話或許有些難以瞭解，不過，如果用自己擅長的領域來比喻，大概就能夠瞭解它的意思了。

熟悉流行音樂的人，一定能分辨出某一首歌，主唱者究竟是誰；一個瞭解繪

畫的人，也能分辨出一幅圖畫的畫風如何。即使某些歌、某些畫，在普通人眼中「聽起來都一樣」、「看起來都一樣」，但這些人就是具備了「分辨」的能力。

同樣的，一個對於人的智慧有高度領悟與瞭解的人，也同樣能在日常生活中，別人沒有察覺的地方，發現一些「妙人妙思」。

這天，一名心理學教授來到瘋人院參觀，想要瞭解瘋子的生活狀態。一天下來，他發現這些人瘋瘋癲癲，行事出人意料，可算大開眼界。

想不到當教授準備回家時，卻發現自己的車胎被人偷走了。

「一定是哪個瘋子幹的！」教授一邊忿忿不平地想道，一邊動手拿出備胎準備裝上。

但在這時候，他發現了一個嚴重的問題。偷走車胎的人居然將四枚螺絲都取走了，沒有螺絲，光有備胎也裝不上不去啊！

這下子，教授眞的一籌莫展了。

正在他著急萬分的時候，一個瘋子蹦蹦跳跳地走過來，嘴裡還哼著不知名的調子。他發現了陷入困境中的教授，於是停下來問發生了什麼事。

教授原本懶得理他，但瘋子一臉很有興趣的樣子，教授出於禮貌，還是告訴他事情的始末。

這瘋子聽了，立刻哈哈大笑地說：「我有辦法！」

只見他從沒有被偷走的其他三個車胎上面，各拆下一枚螺絲，用這三顆螺絲順利將備胎裝了上去。

教授驚異、感激之餘，心裡十分好奇，不禁問道：「請問，你是怎麼想到這個辦法的？」

瘋子嘻嘻哈哈地笑道：「我是瘋子，但我可不是呆子啊！」

好一句「我是瘋子，我可不是呆子」，相信這位教授從此以後，一定會徹底改變自己對於人的看法了。

認爲自己最聰明優秀，覺得他人想法永遠一無是處的人，事實上卻是最不具智慧的人。因爲，無法察覺別人的「新穎獨到」，正表示他對於人類的智慧與才能，不具有很好的分辨能力。

其實，如果我們能用一顆謙虛、開放的心靈，用心發掘他人的好，以及他人的聰明智慧，虛心向他人學習，不也能讓自己的智慧在無形中獲得新的進步，永遠不乾涸嗎？

把握現在，未來才不會失敗

如果我們能越早懂得「珍惜現在」，將來就越不會面臨後悔莫及的時刻。

法國名將拿破崙曾經提醒我們說：「你遭遇的災難，是你某一段時間疏忽或懶惰的報應。」

前因會造成後果，很多事情不是不報，只是時候未到罷了。同樣的道理，我們今天所做的任何決定、任何行為，也會深深影響到我們的未來。

有個富家子弟特別愛吃餃子，每天都要吃，但嘴又特別刁，只愛吃餡，兩頭的麵尖，就都丟到後面的小河裡去。

好景不常，在他十六歲那年，一把火燒了他家，父母急怒中相繼病逝。這下他身無分文，又不好意思要飯，眼見生活就要遭遇到困境了。

幸運的是，鄰居家的大嬸人很好，見他這樣便收留了他，不但如此，還每餐送給他一碗麵糊吃。

落魄的富家子弟受此刺激，從此發奮讀書，三年後上京趕考，終於考取官位回來。待他衣錦榮鄉，第一件事就是跑到鄰居家去，感謝鄰居大嬸的恩情。他對大嬸說：「我能有今天，都是靠妳的幫忙，是妳每天給我一碗麵糊，才讓我還有能力讀書！」

「不必客氣，」這位大嬸對已經成為大官的富家子弟說：「你不必感謝我。其實，我沒有給你什麼，那些都是當年你丟的餃子皮尖，我只是把它收集起來曬乾，總共有好幾麻袋。本來是以備不時之需。正好你有需要，就又還給你了。」

大官聽了，頓時啞口無言。

今日你所捨棄的，明日可能要花上五倍、十倍的精力去追求，還未必能夠得到；今天你覺得不屑一顧的，明天卻可能把它看得比什麼都重要。

很多時候，我們往往認爲自己清楚一件事物、一個人對自我的價值，但事實上，這種理解並不全然絕對。同樣的麵尖，在富家子弟吃香喝辣的日子裡，跟廢物沒有什麼差別；可是在他落難江湖的時候，卻成了維繫生命與希望的重要食糧。

早知如此，何必當初？然而，不經過一番時空的轉換與物是人非的改變，絕大多數的人，還是沒有辦法切身體會到這個道理。

如果我們能越早懂得「珍惜現在」，將來就越不會面臨後悔莫及的時刻。

太多慾望只會帶來痛苦

知足常樂，日子也會過得滿足踏實。我們又何必為了追求可有可無的慾望，讓自己誤入歧途呢？

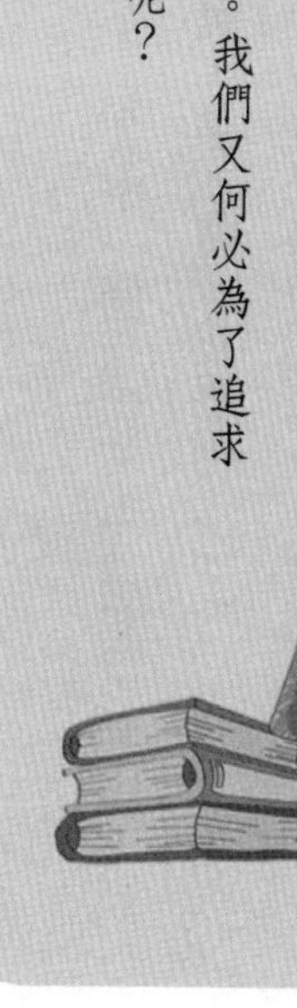

《伊索寓言》的作者伊索，曾經說過這樣一段話：「有些人因為貪婪，想得到更多的東西，卻把現在所擁有的也失掉了。」

人心不足的結果，往往把好事變壞事，最後賠了夫人又折兵。這個道理很簡單，但卻是許多人都會犯下的錯誤。

或許有人認爲，這怎麼可能呢？人都是爲了「得到」而精打細算，誰會那麼笨，算來算去，卻讓自己吃了虧？

別懷疑，世上還真的有這種事！

有兩個教徒相約，一起出發到聖地去朝聖，路上彼此可以作伴。不料在半路上，這兩個教徒遇見一位聖人，聖人對他們說：「看你們這麼虔誠地想要朝聖，這樣吧，我讓你們兩人許願，第一個許願者可以馬上得到禮物，而第二個可以得到雙倍的禮物。」

這兩個教徒聽了，便開始互相推讓，不停爭著：「你先許！」「不，你先！」「唉呀，還是你先許願……」因爲他們都想當拿雙倍禮物的那個人，沒有人想要先把願望說出來。

就這樣僵持許久，兩人的怒氣都來了，其中一個忿忿不平地想，我得不到，你也別想要！於是便喊了一句：「聖人啊，讓我瞎一隻眼吧！」

頓時，他的願望得償，而另一個教徒的兩隻眼睛都瞎了。

犧牲自己的一隻眼，換來另一個人的全盲，對自己有什麼好處呢？但在焦急惱怒之下，再加上利欲薰心的催化，卻足以讓人做出悔不當初的決定。

如果時間可以重來，相信這兩人應該寧願從沒有遇見那位能夠讓他們一生衣食無缺的「聖人」，好換回自己的眼睛吧！

每個人看到別人手上有「好東西」的時候，都會心存「我也想要」的念頭。甚至，還會希望自己要的比對方好、比對方多。

這是人的天性使然，但也正是因爲對「貪念」的不知節制，讓許多人一念之差，犯下難以彌補的錯誤。

總而言之，知足常樂，日子也會過得滿足踏實。我們又何必爲了追求可有可無的慾望，讓自己誤入歧途呢？

用心就能改變自己

只要肯用心，「記性不好」就不會是阻撓自己的藉口。端看你願不願意花心力找出解決的方法，如此而已。

不知道你可曾聽過這麼一句話：「上天賜給人們最好的禮物，不是『記得』，而是『遺忘』。」

的確，如果我們從出生到長大，什麼大大小小的事都牢記在心，那麼在正值青春的雙十年華時，心理上或許就已有很大的負擔，等到三十、四十、五十歲，心裡的苦悶、經歷過的離別與失去，還有眾多難以忘懷的痛苦，恐怕就已經把我們折磨得不成人形了。

因此，可以說「遺忘」的確是人類最好的「天賦」之一。

但相反的，若是一個人的記性太差，情況又會變得如何呢？

有個人從小就丟三忘四，總管不好自己的鑰匙，每次不是把辦公室鑰匙搞丟，就是把自己反鎖在辦公室裡。他的辦公室號碼是三〇一，某日，他突發奇想：「如果我在別的房間放也一把鑰匙，問題不就解決了嗎？」

於是，他便在隔壁房間放了一把三〇一的鑰匙。

某天，他又找不到鑰匙了，這人想起三〇二還有一把備用，於是打算過去拿，巧合的是，三〇二卻沒有人！這下子，他又再次被關在門外了。終於，這人下定決心，非得想個辦法解決自己的健忘不可！

從此以後，他就在三〇三、三〇四、三〇五各放了一把鑰匙，但還是常常把自己的鑰匙弄丟。最後，三〇一辦公室變成只有他一個人進不去，其他人卻來去自如。

這位老兄可說是弄巧成拙，搞到最後只有自己進不去自己的辦公室，那麼那副鎖到底還有什麼意義呢？如此看來，「遺忘」對他而言，也許反而是相當大的致命傷了。不過，事情會變成這步田地，實在怪不得別人，明知自己記性不好，卻不想辦法彌補，這才是他最不應該的地方。

怕把鑰匙忘在其他地方，那麼就多打幾份，繫在自己每一個帶出門的公事包裡，或是掛在脖子上。聰明如你，或許還可以想出第三種、第四種，甚至更多方法。關鍵在於，老是把同一支鑰匙弄丟，第一個要怪罪的恐怕不是「記憶力」，而是「不用心」！

只要肯用心，「記性不好」就不會也不應該是阻撓自己的藉口。即便人腦有限，但只要一本小筆記本，就可以幫上很多忙，端看你願不願意花心力找出解決的方法，如此而已。

健忘不是病，健忘而不用心，這才是沒有辦法醫的陋疾！

用微笑迎接你的顧客

除了錢財方面的信任感之外，開門做生意最重要的就是與客人間的互動。每個人都需要適當的尊重，不管你是商家或顧客。

所有行業的服務宗旨都是顧客至上，即使客人再怎樣刁難、沒禮貌、沒水準，都要保持微笑面對。

只要從事商業行爲，你就必須用最禮貌的態度來面對客人，做生意當然一定會碰到無禮、故意找碴的客人，也必然會在心中累積不滿與壓力，這時候一定要有紓解的方法和管道。

黃昏市場上，傳來一陣陣小販賣力的叫賣聲，剛下班的男男女女，手提著公事包在攤販間穿梭，尋找晚餐的食材。

賣水果的攤位前，站著一個皺著眉頭的客人，用挑剔的眼光左看右看，換來換去，就是沒有他想要的。

「這水果的色澤一點也不新鮮，而且還有點爛，一斤還要賣到五十元啊？」客人的表情看起來相當不滿意。

小販笑笑地說：「我們的水果保證新鮮，又甜又好吃，和別家比較看看，就知道我沒騙你。」

「一斤算四十元，不然我不買。」客人堅持道。

「先生，如果我一斤賣你四十元，那要怎麼跟剛剛買的人交代呢？」小販還是面帶笑容。

「可是你的水果那麼爛……」客人仍然不放棄殺價。

「如果水果很完美，一斤就要一百元啦！一斤五十元幾乎是成本價了，我們只賺工錢啊！」小販仍是笑著回答。

不論客人如何刁難，嫌東嫌西，最後還是以一斤五十元買了，而從頭到尾，小販沒有露出絲毫不耐的神色，一直保持笑容。

有人佩服地問小販，遇到這種情況爲何都不會生氣，還可以笑著應對，小販告訴他：「只有眞正想買的人才會一再指出水果的問題，若他沒意願，殺不成價大可馬上走人，不會拖那麼久。如果我不能接受他的意見，一下子就頂撞回去，那他永遠都不會成爲我的顧客。」

經商之道就在小販這短短幾句話中表露無疑。

相信每個老闆，都會希望自己的生意是最好的，爲了賺錢，當然什麼苦都得忍受。可是並非人人都能有如此的工作態度，尤其不是自己親身經營的店家，員工的服務態度更是重要的大事。

除了錢財方面的信任感之外，開門做生意最重要的就是與客人間的互動，以及給人好感。小本生意靠的是用勞力來換取金錢，有些物品的利潤只有幾塊不到，錢財全靠累積而來。強調「花錢的是大爺」，卻不尊重做生意的人，那帶給小販的將是難以形容的辛酸和壓力啊！

有時候當你因爲同理心而當個客氣的消費者，卻發現收錢的人比你的臉還臭時，只好安慰自己，或許他也曾是個受害者。

如果你想成爲一個成功的服務業者，相信你知道該怎麼做。每個人都需要適當的尊重，不管你是商家或顧客。

別讓慾望拖著你走

不妨好好檢視自己的各種慾求，究竟有什麼是真正需要的？我們的能力有多少？能掌握住的又有多少？

有句諺語是這麼說的：「吃了豬肝想豬心，得了白銀想黃金。」它所敘述的，其實就是人的通病：貪心。

所謂：「魚見食而不見鉤，人見利而不見害。」因爲貪心，我們就像看到釣餌的魚一樣，拼命地往甜美的肥蟲游去，卻不知道在那後面，隱藏著什麼樣的危險和陷阱！

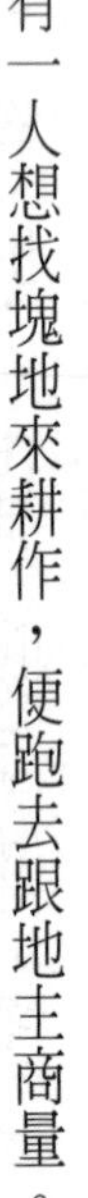

有一人想找塊地來耕作，便跑去跟地主商量。

地主說：「我今天心情好，就讓我發個慈悲吧！明天清早你從這裡往外跑，跑一段就插一面小小的旗竿，只要你在太陽下山前可以趕得回來，旗竿圍住的地都歸你。」

於是，隔天早上，這人帶了許許多多的小旗竿，開始跑了起來。

不到半個小時，他就已經將自己原本想要的耕地距離跑到了。插下一面旗子後，他心裡想：「這麼簡單就可以得到原本朝思暮想的地，怎麼能放過這個大好機會呢？」

於是，他又繼續向前跑去。看到一面湖，他插下旗子；看到一棵大樹，他插下旗子；看到一塊良田，他又插下旗子。一想到自己得到這麼大一塊地之後，會變成多麼富裕的人，他的腳步就沒有辦法停下來。

他一直向前跑，太陽偏西了還不知足，等到發現日頭將落之時才開始慌張，

要是沒有在日落前跑回出發點，那這一切不就付諸東流了嗎？於是，他轉身死命地狂奔。

終於，太陽下山前他跑了回來，但已筋疲力盡，摔了一跤倒在地上後，就再也沒有起來。有位好心人不忍見他如此，就地挖了個坑把他埋了，還請了牧師爲他主持葬禮。

牧師在爲他祈禱時，忍不住指著埋著這個人的土地，幽幽地說：「一個人需要多少地呢？這麼大不就夠了嗎？」

是呀，一個人能佔得多大的土地？何必爭呢？但貪慾總是蒙蔽我們的雙眼，讓我們什麼都看不見。

你或許會說，埋下去時這麼大，但在世時需要的可不僅僅是這些！

可是，這麼說的同時，我們也得反問，那要多少才夠？五十坪？一百坪？一個國家，還是要整個世界？

我們不能毫無限制地膨脹自己的慾望，否則將永遠無法得到滿足，最後只會像故事中那個只知道一味向前奔跑的人，光顧著跑，卻來不及思考自己要這些做什麼。

國外有句諺語說：「不想浪費，就不要貪心。」這句話，或許能夠給我們一個解答的方向。

不妨好好檢視自己的各種慾求，究竟有什麼是眞正需要的？我們的能力有多少？能掌握住的又有多少？

要知道，一個人的能力、時間都是很有限的，若是任憑慾望無窮盡地滋長，那麼終將會爲自己帶來不幸。

懂得付出，人生才有意義

一個人如果一輩子只知道為自己努力付出，那麼不論他多有能力才幹，終究不會感到「滿足」。

什麼樣的人才是有能力的人？

英國文學名家狄更斯曾經說過這樣一句發人深省的話：「世界上能為別人減輕負擔的，都不是庸庸碌碌之徒。」

這就是他對於「有能力的人」的定義。

五歲的漢克和爸爸媽媽哥哥一起到森林工作，工作到一半卻突然下起雨來，可是三個人，總共只帶了一件雨衣。

走在最後面的爸爸將雨衣向前傳給媽媽，媽媽收下之後，又轉交給旁邊的哥哥。眼看雨勢似乎沒有停歇的跡象，哥哥想了一想，又將雨衣給了漢克。

看到家人的行動，小小的漢克心裡有了懷疑。於是，他走到最後面的爸爸跟前，問道：「爲什麼這件雨衣，爸爸給了媽媽，媽媽給了哥哥，哥哥又給了我呢？」

爸爸回答道：「因爲爸爸比媽媽強大，媽媽比哥哥強大，哥哥又比你強大呀。在我們心裡，都會想要保護比較弱小的人。」

漢克聽了，向左右看了看，最後跑到路旁將雨衣撐開來，擋住一朵在風雨中飄搖的嬌弱小花上頭。

許多人一生努力，汲汲營營，多半是爲了讓自己好過。想想，我們整天想著

要加強自己、充實自己，目的何在？從小到大，老師跟長輩都告訴我們，要做個有用的人、要發揮自己的才能，這又是爲什麼？

你是否想過，到頭來，我們究竟把這些能力用在哪裡了？這個故事告訴我們，眞正「有能力」的，不一定是有錢有勢、富有聲望的人，「能力」的定義在於，一個人的存在對別人有多大的幫助。

只要能夠發揮所長，爲他人減輕負擔，那麼這個人就符合狄更斯所說的「不是庸庸碌碌之徒」。

已經習慣自私的人或許難以理解，但事實上，一個人如果一輩子只知道爲自己努力付出，那麼不論他多有能力才幹，終究不會感到「滿足」。

說話前，先用用大腦

每個人的口，就像身上帶著的一把屠刀、一束鮮花，端看你要獻給對方哪一個，是要用話語讓他人快樂，還是讓他人痛苦。

清代的文士申居隕曾經這麼說：「一言之善，亦足以作福；一言之戾，亦足以傷和。」

確實，讓別人和氣或生氣，往往就在一言之間，我們怎麼能不小心留意自己所說的每一句話呢？

話說，紀曉嵐有天和一幫朋友在街上閒逛。

因爲閒來無事，紀曉嵐於是對朋友說：「看見那間店裡的老闆娘沒有？跟你們打賭，我能說一個字讓她笑，還能再用一個字讓她鬧！」

朋友問：「你認識她嗎？」

紀曉嵐答道：「不認識，不過這沒有什麼差別，你們信不信？」

朋友們沒有一個人相信，於是雙方便打賭，以一桌酒席爲賭注。

只見紀曉嵐整理好衣衫，走到店門口，恭恭敬敬地對著看店的狗行了一個禮，叫道：「爹！」

老闆娘聞言愣了一下，接著就捂著嘴笑起來。哪知紀曉嵐緊接著走進店，對老闆娘也行了一個禮，並喊道：「娘！」

想當然爾，最後紀曉嵐輕鬆贏了一桌酒席。

一個字可以讓人開懷歡笑，也可以讓人生氣不已，這就是語言的力量。

你是不是曾經後悔過去對別人說過的一些話？是否曾經因爲一句話，讓你與對方再也無法回到從前的關係？又或者，你是不是也曾經被別人的一句話刺傷，至今想來，心裡仍會隱隱作痛？

一句話能讓人雀躍不已，彷彿置身天堂；也能讓人飽受煎熬，活像是下了地獄般痛苦。

每個人的口，就像身上帶著的一把屠刀、一束鮮花，端看你要獻給對方哪一個，是要用話語讓他人快樂，還是讓他人痛苦。

不要吝惜你的讚美，因爲它不需要花一毛錢，就能讓這個世界變得更好。只是一句話，就可以讓自己與他人都開心，這是再簡單卻又再美好不過了，不是嗎？

PART 5.

先處理心情，再處理事情

心情是決定事情成敗的重要關鍵，
不管遇到什麼狀況，
唯有先整理自己的心情，
才能理智而正確地處理事情。

可以失利，不要失意

千萬不要害怕失敗，只要明白失敗是為了下一次成功而做的準備，那麼現在的你，不也正走在成功的路上嗎？

人生難免會遭遇失敗挫折，不同的是，有的人用柔軟的身段走過失敗，開創人生新局，有的人卻放不下身段，最後在困境中滅頂。

很多時候，困境並沒那麼難以扭轉，而是你不願意面對現實。

如果你是一個渴望成功的人，並且相信積極的個性是成功基礎，那麼，當你在競爭過程中失利，請時時刻刻提醒自己不要失意。

爲什麼要這樣提醒自己？

因爲，無論如何你都要在心底爲自己加油打氣，只要你仍舊相信自己，表現就會越來越好，就能不斷提升的績效。

第二次世界大戰爆發前夕，有一個優秀的經理人把自己的全部財產投資成立一家製造工廠。後來，因爲戰爭爆發，工廠無法取得所需的製造原料，最後他只好宣告破產。

破產使一向對自己充滿信心的經理人大受打擊，於是他離開了自己的妻子兒女，成爲一個四處遊蕩的流浪漢。

他始終無法忘記自己的失敗，甚至想過要結束自己的生命。幸虧在一個偶然的機會裡，他看到一本叫做《自信心》的書，因爲書的內容燃起了他的希望，所以經理人找到了這本書的作者，請他幫助自己再站起來。

當作者聽完經理人的故事之後，竟然說：「我聽完了你的遭遇，可惜我沒有辦法幫助你。」

作者的話對經理人來說如同晴天霹靂，經理人心裡不禁想：「難道我真的就這樣完了嗎？」

作者看著經理人蒼白的臉色，又說：「雖然我沒有辦法幫助你，但是我可以介紹你去見一個人，他一定可以讓你東山再起。」

接著，作者把經理人帶到一面大鏡子前，指著鏡子說：「我說的就是這個人！在這個世界上，只有他能讓你東山再起。除非你願意徹底認識這個人，否則，你永遠改變不了自己的命運。」

經理人看著鏡子裡憔悴萎頓的自己，忍不住低下了頭。

過了幾年之後，有一天，作者偶然在街上碰見了這個經理人，他整個人變得神采奕奕、自信滿滿，完全變了個人一樣。

經理人對作者說：「謝謝你讓我重新找回了自信，現在，我又重新走上成功之路了。」

經理人充滿感激地說：「你讓我認識了真正的自己，幸好你在鏡子前面指出真正的我，謝謝你。」

競爭失利，經常是自己造成的，而不是外在環境的偏頗。既然失利是自己造成的，那麼當然也可以靠自己克服。

只有自己最了解自己，也只有自己最清楚失敗的原因，所以，千萬不要害怕暫時的失利，也不要自暴自棄。只要明白失利是獲得更大成功的契機，那麼現在的你就已經走在成功的路上了。

我們可以見到，許多受人尊敬的成功人士，他們通常沒有特別的好運氣，也沒有令人羨慕的背景，但是他們所具備的共同點，就是他們相信自己不論做任何事，都可以成為第一名。

就算當時不是眞的第一名，他們也會朝著這個目標努力邁進，並且設法讓自己的美夢成眞！

真正的愛，沒有分別之心

以愛妻之心愛父母，是最大的孝子；以愛兒之心愛丈夫，是最大的賢妻。

人很難一輩子只做人的兒女，不成爲別人的配偶與父母，因此，千萬不要忘了，在家庭中，我們或者可以有很多不同的角色，但對每個家人付出的愛，卻應該都是一樣的。

五位丈夫前去參加綜藝節目錄影，都被問到同樣一個問題：「假設你和母親、

妻子、兒子同乘一船，這時船翻了，大家都掉到水裡，而你只能救一個人，你會救誰？」

這問題很老套，但的確不好回答，於是……

理智的丈夫說：「我選擇救兒子。因爲他的年齡最小，今後的人生道路最長，最値得救。」

現實的丈夫說：「我選擇救妻子，因爲母親已經經歷過人生，至於兒子，反正有妻子在我們還會有新的孩子，還會是個完整的家。」

聰明的丈夫說：「我會救離我最近的那個，因爲最可能被救起來。」

滑頭的丈夫說：「我救『兒子的母親』。至於是指我自己的母親還是兒子的母親，你們去猜好了。」

最後，只剩老實的丈夫實在不知道應該怎麼選擇，於是他只好回家把這個問題轉述給兒子、妻子和母親，問他們應該怎麼辦。

兒子對這個問題根本不屑一顧：「我們這裡根本沒有河，怎麼會全家落水呢？不可能！」可以想見，年齡使他只懂得樂觀看待目前和將來的一切。

妻子則對丈夫的態度大為不滿：「虧你還問得出來！你當然得把我們母子都救起來。我才不管什麼只救一個人的鬼話呢！」多數的女人總是認為丈夫必然有能力，也必須有能力負擔起自己的責任。

最後，老實的丈夫又問自己的母親。母親沒等他把話說完，已經大吃一驚了，緊緊抓住兒子的手，帶著驚慌的語氣說：「我們都掉到水裡，孩子你不是也掉進水裡嗎？那我要救你！」

老實的丈夫聞言，頓時泣不成聲。

若換做我們回答這問題，答案又是如何呢？

如果每個人只擁有一個身分，許多事情或許不會那麼複雜。永遠當個被母親愛的孩子、或永遠當一個只愛孩子的母親，這個有什麼難的呢？

但是，在人際關係的系譜中，我們可能同時是一個人的父親，也是另一個人的兒子；我們可能是一個人的妻子，也同時是另一個人的母親。

有句話說：「養兒方知父母恩。」

意即一個人要明白「父母恩」，還是得透過「養兒」才能夠體驗到。可是，一旦有了孩子，兩相比較之下，大多數人還是寧願選擇把全部的愛付出給孩子，更不用說，在二者之間還夾著另一半的存在了。

這個選擇題是每個人這輩子都難以迴避的。只是，問題眞的無解嗎？

曾經有位作家寫過這麼一句話：「以愛妻之心愛父母，是最大的孝子；以愛兒之心愛丈夫，是最大的賢妻。」

相信，這句話就是最好的答案。

怨天怨地，不如好好檢討自己

你的人生、處境、現況，都是自己要負責的，因為促使你成功失敗的是你的行為心態，以及所做所為。

英文裡面有句常用的話，叫做「Don't Take everything For Granted」，你知道這是什麼意思嗎？

「Don't Take everything For Granted」，這句話可以翻譯成「不要把一切視爲理所當然」，當然，也可以把「everything」用「我」或「它」取代。

換句話說，也就是「不要把我（的好心）視爲理所當然」、「不要把它（你所享受的權益或生活）視爲理所當然」……總而言之，就是不要把別人，或別人

給予好意視爲理所當然！

在一個嚴寒的早上，車站旁坐了一名乞丐，正向過路的人要錢。

乞丐：「好心的大爺小姐，給我一百塊，讓我吃吃飯吧，我已經好幾天沒有吃東西啦。給我一百塊吧，行行好，給我一百塊吧……」

乞討的聲音一遍又一遍地響起，卻始終沒有人搭理他。乞丐只好不斷地不斷地重複著：「給我一百塊吧，大爺。給我一百塊吧，小姐……」

終於，有位路人停下了腳步。乞丐立刻抬起頭來，可憐兮兮地說道：「先生能不能給我一百塊錢？」

路人於是掏掏口袋，最後說：「可是我只有八十塊。」

乞丐：「那……你就給我八十塊，剩下二十塊先讓你欠著好了。」

不要以爲這只是個故事，只要仔細觀察，這種心態跟行爲其實處處可見。有些人總以爲自己的匱乏是上蒼虧欠他的，總認爲老天爺給的不夠多、不夠好，貪婪之慾早已取代了感恩之心。

事實上，除了自己，沒有人可以對你有所虧欠。你的人生、處境、現況，都是自己要負責的，有誰「理所當然」地應該提供你什麼好處嗎？有誰「理所當然」地虧欠你什麼嗎？

當然沒有，除了你自己！因爲，促使你成功失敗的不是別人，而是你的行爲心態及所做所爲。這個道理很簡單，可惜的是，許多人卻看不清楚。

設身處地，才是真正的尊重

所謂的「尊重」並不是客套，而是一種「體貼之心」。人與人相處，最重要的就是相互尊重、並時時站在對方的立場思考。

明代思想家呂坤曾在《呻吟語》裡說過：「無責人，自修之第一要道；能體人，養量之第一要法。」

意思是說，要增進自我的修養，第一步就是不要隨便斥責別人；要培養自己的雅量，第一步就是要懂得容人、體諒人。

學會體諒並不困難，只要你願意認眞地站在對方的角度和立場看問題，自然就能用更寬容的心體貼他人。

有一天，妻子正在廚房炒菜，丈夫回到家後，也跟著走進廚房。只見丈夫一反常態，緊緊跟在太太旁邊嘮叨不停：「慢一點，慢一點。欸，小心！火太大了……」「趕快把魚翻過來！唉呀，快鏟起來！」「油放太多了！」「把豆腐整平一下……哎喲，鍋子歪了！」

「你閉嘴好不好！」妻子忍不住脫口而出：「我知道該怎樣炒菜，這還要你來教嗎？」

「炒菜妳當然懂囉。」只見丈夫平靜地回道：「我只是要讓妳知道，當我在開車時，妳在旁邊喋喋不休，我的感覺到底如何。」

如果你是我，能體會我、瞭解我的感受，你還會這樣做嗎？故事中的丈夫要說的，其實就是如此而已。

或許對方並不是出於惡意，但還是應該要瞭解，身爲駕駛，老是被人指點該如何「開車」，是不會覺得自己被尊重的，就像做菜的人也不會想要別人評點自己的料理技巧一樣。

箇中道理並不難懂，只是，最簡單的事情也往往最容易被忽略。就像面對最親近的人，我們也常常忘記給他們最基本的尊重。

所謂的「尊重」並不是客套，而是一種「體貼之心」。人與人相處，最重要的就是相互尊重、並時時站在對方的立場思考。

既然自己也希望得到他人的尊重，那麼我們又有什麼理由不用同樣的體貼對待他人呢？

先處理心情，再處理事情

心情是決定事情成敗的重要關鍵，不管遇到什麼狀況，唯有先整理自己的心情，才能理智而正確地處理事情。

樂聖貝多芬曾經這麼說過：「卓越者的一大優點是：在不利與艱難的遭遇裡百折不撓。」

百折不撓，其實就是成功的不二法門。試一百次，必有一次能行；若再不行，就要有試五百次、一千次的恆心與毅力。

就算橫阻於眼前有重重的困難，只要願意百折不撓地嘗試，總會有突破的方法，你說是嗎？

海底裡有一個瓶子，瓶子裡困著一個魔鬼。

據說，五百年前一個神仙把魔鬼收到瓶子裡，此後，魔鬼一直沒遇到機會脫困。苦等了五百年的魔鬼滿懷怨恨地許了一個願望：「將來如果有誰把我救出來，我一定要一口把這個人吞掉。」

某日，一位年輕漁夫在海邊撒網捕魚，正在收網的時侯，突然發現網裡有一個古舊瓶子，他把瓶塞打開，立刻噴出一陣濃烈的煙霧來，幻化成一個比山還大的魔鬼。

「哈哈哈哈！」魔鬼說：「年輕人，你把我救出來，我本應謝謝你，可惜我已經許了願，要把救我出來的人一口吃掉！」

年輕人大吃一驚，但立即鎮定地說：「這麼小的瓶子，怎能裝得下你巨大的身軀呢？你一定是在說謊，不如再回到瓶子讓我看看吧！」

「哼，我不會上當的。天方夜譚早說過這個古老的故事了，我如果再鑽入瓶子裡，你把瓶塞塞上，故事不就結束了嗎？」

「你看過天方夜譚？沒想到你還眞是個博學多才之士呢！那你看過蘇格拉底的哲學著作嗎？」

「哈哈！這五百年我躲進瓶子裡，讀盡天下的經典著作，苦苦修行，莫說是西方巨著，東方的大學、中庸、論語、孟子我也都滾瓜爛熟了。」

「啊，那麼史記你也頗有研究吧？墨子的著作有涉獵嗎？」

魔鬼聞言，忍不住驕傲地揚起頭來，回答說：「不用再問了，總之經史子集我無一不通！」

「喔！」年輕人的語氣越來越平緩，淡淡地說：「不過，就算是這樣，我想你一定沒有見過紅樓夢的手抄本吧，這可是難得一見的版本呢！」

「哈哈哈，你未免太小覷我了，這本書的收藏者正是我呀！還是拿出來給你開開眼界吧！」魔鬼立即又化作一陣濃煙，鑽進瓶子裡。

此時，年輕漁夫立刻毫不遲疑地用瓶塞堵住了瓶子。

心情是決定事情成敗的重要關鍵，不管遇到什麼狀況，唯有先整理自己的心情，才能理智而正確地處理事情。

拉拉雜雜扯了一堆，不過都是年輕漁夫爲了讓魔鬼放鬆戒心、自願踏入陷阱所做的努力罷了。雖然沒有「一擊中的」，但有什麼關係呢？繞來繞去，終究還是會達成目的的。

同樣的，在人生之中就算橫在眼前的是再如何迂迴曲折的路，只要最後能通往山頂，那就是一條可以走的路。雖然有的時候得花比別人更久、更長的時間跟精神才能達到目的，但是這總比試都沒有試，或是只小試片刻便放棄的人要好上太多了，不是嗎？

遇到問題，別急著否定自己

遭遇問題時，別急著否定自己，清楚瞭解自己的長處與短處，讓自己站在能夠發揮的位置，這才是最有效的解決之道。

元代文人張養浩曾感嘆地說過：「人才難得，全才尤為難得。」

確實，世上並不存在十全十美、無所不能的人。

換句話說，大多數人也只要擁有一兩項專才便足以養活自己。因而若是工作不順利、發展上不如人，未必是因為努力不夠或才能不足之故。關鍵或許在於：我們是否做了適合自己的工作？

去過廟裡的人都知道，一進廟門，首先會看到彌勒佛笑臉迎客，在祂的北面，則是黑口黑臉的韋陀。

許多人經常拜拜，但是卻很少人知道，相傳在很久以前，彌勒佛與韋陀並不是在同一個廟裡，而是分別掌管不同的廟。

由於彌勒佛熱情快樂，所以來添香油的人非常多，但祂什麼都不在乎，丟三落四，從不好好管理帳務，所以依然入不敷出。

反觀韋陀，雖然是管帳好手，但成天陰著一張臉，太過嚴肅，搞得信徒越來越少，香火也幾乎斷絕。

有一天，佛祖在查看香火的時候發現了這個問題，便將兩人找來，對祂們說，要把祂們兩個放在同一個廟裡。

彌勒佛跟韋陀聽了面面相覷，不明白佛祖的意思。而且，從來沒有跟人共享過一座廟的兩人，又該如何調整自己的角色與定位呢？

佛祖見狀，解釋說：「放心，你們不需要特別改變，只要做原本在自己的廟裡做的事就好了！」

彌勒佛跟韋陀聽了便欣然同意，兩尊佛於是移到同一座廟裡。

在那之後，彌勒佛負責公關，笑迎八方客，於是香火大旺。而韋陀鐵面無私，錙銖必較，負責財務，嚴格把守關口。在兩人的分工合作之下，廟裡變得一派欣欣向榮。

讓彌勒佛管帳務，或是讓韋陀做公關，都是「把有才能的人，放在錯誤位置」上的最好例子。既然知道這個道理，若某人不適合做這件事，爲什麼不讓他做適合他的事呢？

一個人有沒有某方面的天分，常常是天生的，就好像如果硬要讓彌勒佛拿著家計簿計算開銷、或是硬要韋陀笑臉盈盈地招呼客人，效果絕對不會比讓他們「各司其職，各展所長」要來得好。

要是我們天生的是韋陀的脾氣與個性，卻得強迫自己去擔任彌勒佛的角色，那麼在工作與生活上很可能就會感到不順利、不如意，反之亦然。

因此，當你的生涯規劃或工作表現遭遇問題的時候，千萬別急著否定自己的才能，沮喪地懷疑自己「是不是眞的一無是處」。更重要的是，要先清楚瞭解自己的長處與短處爲何，並設法讓自己站在能夠發揮所長的位置，這才是最有效的解決之道。

積極主動，才不會落在人後

要懂得化被動為主動，身處競爭激烈的世界，要是不想辦法往上爬，就只能待在原地等著被淘汰。

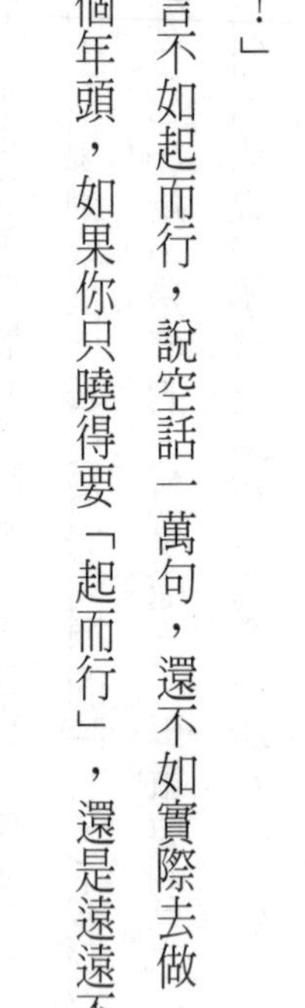

俄國作家高爾基曾說：「每個人都知道，把語言化為行動，比把行動化為語言，要困難得多！」

的確，坐而言不如起而行，說空話一萬句，還不如實際去做一次。

但在現在這個年頭，如果你只曉得要「起而行」，還是遠遠不夠。

A先生在某公司上班，由於覺得自己滿腔抱負沒有得到上級的賞識，因此經常想：「如果有一天能見到老總，展示一下自己的才幹就好了！」

他的同事B也有同樣的想法。

與A先生不同的是，他更積極地打聽老總上下班的時間，算好他大概會在何時進電梯，自己也故意選在這個時候搭電梯，希望有機會可以跟老總打個招呼，攀點關係。

然而，同事C又比A跟B「更上一層樓」。

他不只詳細瞭解老總的奮鬥歷程，弄清他畢業的學校，人際關係、個性風格、關心的問題……等等，精心設計了幾句簡單卻有分量的開場白，在算好的時間搭乘電梯，打過幾次招呼後，終於有一天跟老總長談了一次。

果然，不久之後，他就順利爲自己爭取到更好的職位。

機會只給準備好的人，這「準備」二字，也並非隨便說說而已。

坐著空想，確實是不如實在去做；但是起而行，則又有「是否準備好」的不同。疏略而匆匆忙忙的行動，雖然好過光想不做，但是比起準備充分的「起而行」又差上一截。

失敗者空等機會、錯失機會，智者抓住機會，成功者創造機會。

在這個故事裡，C先生由於積極準備，因而順利爲自己創造出機會。反觀A與B，只能說還得再加把勁。

要懂得化被動爲主動，你才會是最後微笑的那個人。只在腦子裡空想，懷著碰運氣心態的半吊子，絕對永遠及不上那些用盡心力爭取，爲自己開創機會的積極者。

說來殘酷，不過這就是「現實」。身處競爭激烈的世界，要是不想辦法往上爬，就只能待在原地等著被淘汰。

自大傲慢，看起來只會像個傻蛋

看得見他人缺點的人，未必能看見自己的不足。而看不見自己不足的人，其實是最不幸的。

有句話是這樣說的：「當你把食指指向他人的時候，別忘了還有三隻手指指著自己。」

自大傲慢只會讓自己像傻蛋，仔細想想，假設別人要求我們的事，對方自己卻做不到，那麼我們一定也會覺得心有不甘、有所不服的吧。

故事發生在某校動物系期末考試會場。

老教授提著一個用黑布罩著的鳥籠，只露出兩條鳥腿。原來，考試題目是：試由觀察到的鳥腿，寫下鳥的種類。

某學生心裡感到十分不滿，因爲自己爲了考試已經辛苦準備數週，結果教授卻出這種怪招，先前的準備一點都派不上用場。

一氣之下，學生拍桌而起，提前交了白卷，連姓名學號都懶得寫！

教授看了他的試卷非常生氣，當著全班的面要學生留下姓名來。

只見學生什麼都沒說，只是拉起自己的褲管，露出一雙毛毛腿，氣沖沖地對老教授說：「你猜我是誰！」

只要是人，難免都有盲點，尤其是要做到嚴格的審視自己、要求自己，更是不容易的事。

許多人勤於指責他人，卻不懂得以相同的標準要求自己，恰好就是拿著食指

指向別人，卻忘了還有三根手指指著自己的人。

看得見他人缺點的人，未必能看見自己的不足。看不見自己不足的人，其實是最不幸的。

因爲對自己的缺點一無所覺，所以往往自滿，卻不知道在旁人眼中，自己已經成了只會說、不會做的傲慢自大狂。

清代文士張潮曾說：「律己，宜帶秋風；處世，宜帶春風。」

我們雖然未必能做到樣樣完美，但還是必須時常自省、自律，並提醒自己以虛心的態度謙和待人，這樣才是待人處世的最佳方式。

PART 6.

學會寬容，行事才會圓融

璞玉要經過琢磨才展現光彩；

一座花園，要經過四季的洗禮，才能展現風采。

去蕪存菁之前，得先寬容地給予空間。

信念讓危機變成轉機

潛意識的心靈操控我們的健康狀況，信念和期望能改變我們的生命。重要的是，要能接納自己、鍾愛自己。

人生中總會遇到低潮，可能會讓你感到萬念俱灰，前途一片黯淡。可是，一旦走出陰霾，後續的衝勁與成果會讓人無法想像。這就是爲什麼許多成功者，往往有一段苦難的過去。

在肢體障礙者、與病魔對抗的勇士臉上，我們常常可以看到陽光與希望。雖然他們的身體不便，但是他們的心理卻比任何人都健康。他們相信，生命能找到出路，被關上的門背後，會有一扇窗爲他們打開。

最可怕的疾病，不在生理上，而在心靈上。如果你好手好腳，內心卻很悲觀，覺得人生無望，那你就是眞正的殘廢了。

瓊斯在美國西部有一個小小的農場，每天努力工作著，但即使如此賣力，仍然過著捉襟見肘的苦日子。由於家中人口頗多，孩子還小，全家的重擔全落在瓊斯身上。

幾年辛苦的工作下來，家中的經濟還是沒有改善，瓊斯的身體狀況卻越來越差。有一天，瓊斯病倒了，患了一種罕見的疾病，全身痲痺，整日躺在床上不能動彈。所有的親人都認爲，瓊斯將永遠喪失生活能力。

突如其來的病痛，並沒有將瓊斯打敗，他沒有因此對人生失去希望，相信一定有辦法改善情況。他不想成爲家庭的負擔，於是不斷思索著其他維持生計的方式。他回想過去的人生，發現只靠著辛勤工作，是無法致富的，必須找出更有效率的工作方法。

經過一段時間思考和計劃，有天他將家人全叫到床邊，鄭重其事告訴他們：「我知道我這輩子是不可能再站起來，用我的雙手工作了。但是，如果你們願意，每一個人都可以成爲我的雙手，都可以代替我的雙腿。我希望將農場的每一吋可耕種的土地都拿來種玉米，接著我們養豬，用收成的玉米當飼料。我們不必等到豬隻長大，趁牠們還幼小肉嫩的時候，就把牠們做成香腸。我們的香腸可以做成一口的大小，讓人們把它當成日常生活中的點心。接著，我們自創一種品牌，將它們賣到世界各地去。」

他眼睛充滿希望，說道：「這些香腸將會像糕點一樣出售。」

幾年後，瓊斯自創的「瓊斯小豬豬肉香腸」果然在各地受到民眾歡迎，成了日常生活必備的食物之一。瓊斯不僅沒讓自己成爲一個廢人，還在有生之年過著富裕的生活，成爲當地傳頌的奇蹟。

根據科學實驗報告，人類負面情緒產生的毒素足以殺死一隻天竺鼠，當然也

能殺死我們。潛意識的心靈操控我們的健康狀況，信念和期望，能改變我們的生命。良好的健康是我們每個人都能把握的，不僅僅在身體上，只要能精神充沛、充滿活力，就是擁有健康。

重要的是，要能接納自己、鍾愛自己。瓊斯雖然終生都得躺在床上，但是並不把自己當成一個廢人，他努力突破問題，找出解決之道，雖然身體無法勞動，但是他的心靈是健康的，可以思考，可以決策。

許多和瓊斯有著類似狀況的人，常常因爲放棄自己而認定了別人也放棄了他，因此造成情緒上的不穩定，導致待人處事不夠圓融，每每增加照顧者的負擔。不論眼前的遭遇如何，我們每個人都要寬容地對待自己和別人，把生命中的每一個試煉當成一種轉機。

畫地自限只會離成功越來越遠

早點將銬在身上的枷鎖解去，發現自己的長處，並好好的發揮，才能邁向另一個新的開始。

如果我們只想保持原狀，就無法變成我們想要變成的人。唯一能限制我們前進的，就是認爲自己不可能也做不到的想法。

一個人如果老是說：「我就是沒辦法，永遠也出不了頭。」那他就會停止學習，不再嘗試任何機會，因爲「反正也不會有用」的念頭已經深植心裡。到最後，他的預言將會成眞。

相反的，一個人如果鼓勵自己說：「無論如何，我就是要做到。我要盡全力

完成這件事。」這樣一來，即使是延長工作時間、花功夫學習、做任何改變，他也願意。結果，當然是他成功了。

在激烈競爭的社會中畫地自限，是最可怕的一件事，因爲你連嘗試的動作都沒有，就將自己定位成失敗的人。

安德魯是美國一位很有名氣的不動產經紀人，有輝煌的成就，但誰也沒想到，過去他只是一個賣葡萄酒的小小推銷員。

推銷是他入門的第一份工作，當時他認爲，自己這一輩子大概就只能賣葡萄酒了，並沒有設立其他的目標。

起初他爲一位朋友工作，後來又進了另一家葡萄酒貿易公司，接著又和另外兩個人合夥做起進口代理商。不過，安德魯所做的一切並不是出自於熱情，只是出自於一種本分。

不管安德魯多麼努力，他的葡萄酒生意仍然不見起色，而且每況愈下。雖然他試圖挽救，最後還是倒閉了。

即使如此，安德魯仍然不願意改行，他不知道自己還能做什麼，也沒有別的專長。於是，他加入一門教人如何創業與謀生的課程。

在課程中，他從同學間的互相回饋中得知，沒有人認爲他是個「只會賣葡萄酒的人」。大家都覺得他的能力不錯，而且是個應變能力很好的人。

這些看法給了安德魯很大的衝擊，他拋開了舊有的想法，開始仔細思考與分析是否有從事其他行業的可能性。

他審愼探討自己的興趣和能力，試著找出最適合自己也最想做的行業。最後，他選擇了和太太一起從事不動產業務。經過幾年的努力，安德魯夫婦在不動產界打下了很好的基礎，也闖出了名號。

選擇安於現狀的人，不用面對挑戰新事物帶來的壓力，也逃掉了許多責任。這樣的人往往會說說：「這個太難了，我做不到。你來幫我吧！」

雖然這也是另一種聰明的生存方式，但是相對的，積極進取的人收穫絕對比較多，因爲他們不僅僅是得到魚，還學會了釣魚的方法。

機會出現在我們眼前之時，經常巧妙地僞裝成無法解決的難題，它不願讓人太過輕易得到它。

對安德魯而言，葡萄酒生意的失敗，是把他推向巨大成功的開始。沒有這個打擊，他一輩子只能做個不高不低、不上不下的葡萄酒推銷員。

我們爲自己設下的任何界限，都會成爲日後的障礙。因此，早點將銬在身上的枷鎖解去，發現自己的長處並好好發揮，才能邁向另一個新的開始。

換個角度，把話說得恰到好處

一句好話，不僅可以讓聽者心情愉悅，也可以為自己帶來收穫，不管是實質上或感覺上，讚美的話人人愛聽。

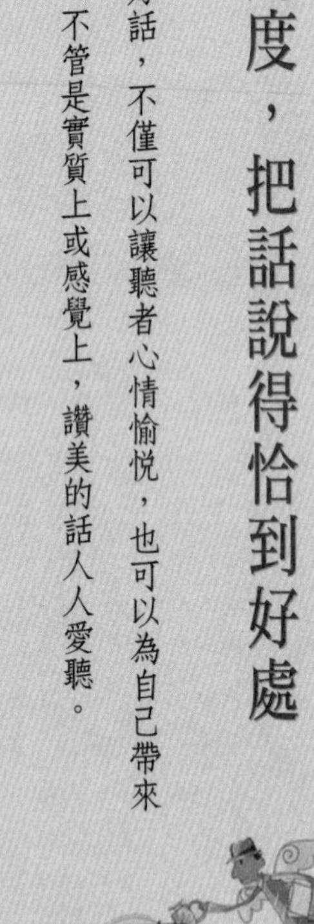

與不同人溝通是個變化萬千的過程，絕對無法像印表機般完全複製出來，也無法照本宣科。

在談話過程中，自己與他人的認知也一直在改變，即使是很細微的點，都會造成很大的影響。

你傳出的訊息就像一條橡皮筋，給予適度力量，才能達到最大的拉力。過度與不及都會造成反效果，不是雙方都被彈傷，就是雞同鴨講。

在一家賣清粥小菜的餐廳裡，凡是點小菜就送一碗清粥。這天，有兩個人點餐時，都向老闆要求粥要多盛一點。

第一位客人看見碗裡的粥只比平常份量多一點，皺著眉頭對老闆說：「老闆，你怎麼那麼小氣？才多那麼一點粥，怎麼夠吃呢？」

老闆聽完，不悅地回答說：「我們的米也是要成本的。」並在結帳時，多算了一些小菜錢。

第二位客人則告訴老闆：「我最喜歡你們的粥了，每次經過，聞到粥的香味，都會忍不住想要吃上幾碗。能不能給我大碗一點的粥呢？」

老闆聽了眉開眼笑，回答他：「當然沒問題，如果你吃完了就再來盛吧。另外，這盤小菜是我們最近推出的新口味，請你試吃看看味道如何，再給我一些建議吧！」於是，第二個客人不僅得到一碗又大又香的粥，還吃到了老闆免費贈送的小菜。

一家知名的大飯店爲了和同業競爭下午茶點的市場，替別禮聘一位麵包師父。這個師父烤了一些口味獨特、又香又好吃的麵包請大家試吃，大家吃得連連稱好。不過，雖然麵包很好吃，但是造型並不好看，達不到飯店所要求的美觀條件。

老闆試吃完後，當著很多人的面大聲對麵包師父說：「你的麵包做那麼醜，擺上桌能看嗎？我找個人來幫忙你好了。」

麵包師父聽完覺得面子掛不住，第二天就辭職離開了。

對手飯店一聽到這個消息，馬上以更高的薪水將這位麵包師父請了過去，並告訴麵包師父：「你的麵包實在好吃極了。我們飯店將推出以麵包爲主的餐點，屆時怕你忙不過來，我想請個人來幫忙你，順便向你學習。你們可以一起研究麵包的造型，不知你意下如何？」

就這樣，這間飯店以美味麵包打開市場，許多客人因此慕名而來。

語言是活的，同樣的一句話從不同人口中說出來，會有不同的感受，那是因

爲裡面已經注了一個人的情感。所以，說話被認爲是一門大學問，不論說話時的眼神、表情、口氣、肢體動作，甚至是內容，都屬這門學問的範籌。

一句好話，不僅可以讓聽者心情愉悅，也可以爲自己帶來收穫，不管是實質上或感覺上，讚美的話人人愛聽，批評指責大家都不喜歡。因此，有技巧的將批評、指責化爲「良善的建議」或「換個角度的讚美」，不僅能達到目的，也能讓溝通的雙方都滿意。

懂得說話藝術的人，只需要幾句圓融的話，就可以爲自己帶來益處；相反的，看似在語言上佔上風的人，不但達不到想要的目的，還白白浪費了大好的機會，損失可大了。

在忙碌的社會裡，耐心已經變成一種考驗。當對方所做的達不到自己的標準時，我們常會有責罵他的衝動。雖然話語出口之時，可以短暫的宣洩自己的脾氣，可是帶來的傷害卻是加倍的。多站在對方的立場考量，將嘴邊的話思索一遍再問口，就可以省掉許多麻煩。

學會寬容，行事才會圓融

以先入為主的觀念來斷定事情，往往只能看到表面，不能看透隱藏在表面下的本質。慢慢觀察，才能做出最聰明、最圓融的決斷。

時間可以帶出事物的本質，等待是爲了做好充分的準備。做任何的決斷都需要事前收集資訊，不能憑空臆測，更不能交由心情做決定，才不會做出錯誤決策，行事低調不代表軟弱、沒有作爲。因此，做每一個動作之前都應該沉寂一段時間，等待時機的來臨。

一個成功的決策者，不是只要具備魄力就好，還必須擁有過人的嗅覺和敏銳度，輔以識人的技巧，在不同的狀況，以不同的方式處理事情。

某個單位來了一個新主管，是老闆特地請來整頓公司風紀的。據說，他的能力很強，讓他帶領過的部門，都會有很好的成績。一開始，大家小心翼翼，就怕一個不小心被新主管盯上。

日子一天一天過去，新主管卻沒有任何動作，一到公司就躲進辦公室裡，逢人便有禮貌地打招呼。漸漸的，員工認爲新主管只是一個爛好人，根本無法改善辦公室的風氣，甚至比之前的主管更好應付。

一些平時氣焰囂張、無所作爲的員工放下了戒心，開始恢復本性，甚至變本加厲，絲毫不把新主管放在眼裡。

四個月過後，當大家對新主管完全不抱希望時，新主管卻發威了。他大刀闊斧將所有的惡質員工統統開除，有才能的人則獲得升遷。下手之快，判斷之準，與先前判若兩人。

年終聚餐，主管在大家吃得差不多時，站起來敬酒並且致詞道：「大家一定對我先前的保守行爲和後來的快速整頓感到疑惑吧！就讓我來爲大家說一個故事，就能了解爲什麼我要這樣做了。」

「我有一個朋友，買下了一間有大庭院的房子。剛搬進去，就把院子裡的雜草雜樹全部剷除，改種其他花卉。某一天，前任屋主來訪，一看到院子的景象，驚訝地問：『我原先種的那些名貴牡丹怎麼不見了？』原來，那些雜樹雜草都是名貴的植物，只是被不知情的朋友剷掉了。」

「後來，我這個朋友又買了另一間大宅院，院子的景象比先前更雜亂，但是他連動也沒動，完全不去整理。冬天過後，春天來了，院子裡開滿了紅花。夏天到後，原本的雜草竟成了錦簇。過了夏季，完全沒動靜的樹木佈滿了紅葉。一直到了暮秋，他才眞正認清哪些是無用的植物，可以剷除，哪些則是値得留下來的珍貴植物。」

的確，「日久見人心」這個雖然簡單卻深刻的道理，很多人都了解，但是常

沒有足夠的耐心等待。

更糟糕的是，很容易以先入爲主的觀念來斷定事情，往往只能看到表面，不能看透隱藏在表面下的本質。尤其是在現代的社會裡，人人爲了自保，常常爲自己戴上一層甚至多層面具，更讓人看不清眞面目。

璞玉要經過琢磨才展現光彩；一座花園，要經過四季的洗禮，才能展現風采。在開花之前，牡丹只是一株看似普通的雜草，相對的，虛僞的事物被拆穿之前，也總是善於包裝自己，就像裹著糖衣的毒藥。

因此，想要去蕪存菁之前，得先寬容地給予空間自由發展，在自然的狀態下慢慢觀察，才能做出最聰明的決斷。

經驗是一種無形的財富

工作不只是做完，更要做好，不要抱著得過且過的態度。用更多的熱心和熱情投入你的工作，才能讓你累積工作和人脈的經驗。

每年到了鳳凰花開，必定吹起一股求職潮。各大企業負責人、媒體工作者等等，紛紛探討年輕人的工作態度，給予的評價也一年比一年差。

眞的一代不如一代嗎？新世紀的青年比起早年苦做實幹的前輩而言，不僅接觸層面廣，創意也十足。或許在生活環境改善下，他們得到比以往更多的資源和照顧，但這不代表經不起挫折、吃不了苦。

其實，他們眞正欠缺的是工作的經驗和社會的磨練。

經驗是一種金錢買不到、別人搶不走的財富。經驗的獲取不僅僅是從他人身上，也必須靠自身累積。前人所給予的只是讓你少走點冤枉路，最重要的一點就是，想要得到就必須有所付出。

曾經有個年輕人，跑到美國西部希望能在那兒的報社找到一份好工作。但是，他到處碰壁不得其門而入，於是就寫了一封信給當時在報界很活躍的名人馬克．吐溫。

馬克．吐溫認為這個年輕人很誠懇，問清楚他嚮往的報社跟職位後，就給了他一些忠告，信件中有幾段話這麼說：

「無論你到任何一家報社，只要你願意暫時不支薪，不管他們是否缺人，總不好意思一口回絕你。你只要向他們表示，自己不工作就沒有實在感，希望能做點事來充實自己，因此不計較報酬。」

「若得到工作機會，接下來最重要的就是主動做事，自動幫忙。慢慢的，讓同事適應且確實需要你。這時候，你就可以開始採訪一些新聞，把它寫成稿件交給編輯部。若他們覺得你的稿件可以用，自然會陸續發表你的新聞稿。這樣一來，你就有機會外派去當記者，接著晉升編輯職位，獲得大家的尊重。同事們也會將你的名字和成績傳出去。到了這一步，你就不用擔心薪水的問題了。那時，會有其他報社爭相來聘請你，你可以拿那些聘書給主編看，告訴主編，若這裡也能給同樣的月薪，你願意留下來繼續努力。或許，會有其他報社開更高的薪資，若所差不多，你最好還是留在原地。」

雖然這個年輕人對馬克．吐溫的建議有些懷疑，但他還是照著去做。不久之後，他果然進了一間大報社，不到一個月就接到另一家報社的聘書。原報社為了留下他，給他加倍的薪水。他在那家報社四年間接到兩次聘書，也調了兩次薪水，最後成為那家報社的主編。

同樣的方法，馬克．吐溫也傳授給另外向他請教的五個年輕人。他們五個都因此順利找到好工作，其中一個還成為美國一家知名報社的主編。

或許馬克．吐溫的時代跟現今不同，但是他教導年輕人的工作精神卻是值得學習的。熱愛自己的工作，儘量利用各種機會充實自己，也許投資與報酬率無法平衡，但是經驗的累積是一種無形的財富。

別害怕吃苦，想要收穫就必須有所付出。

機會是自己創造的，當它來臨時，不僅要好好把握，更要用主動且積極的態度妥善運用它。

工作不只是做完，更要做到最好，不要抱著得過且過的態度，用更多的熱心和熱情投入你的工作，它能讓你累積工作和人脈的經驗。

能力不足就容易打退堂鼓

一直將自己沉浸在挫折的恥辱中，並不會改善情況，唯有認清事實，不怕失敗的挫折感，努力改善自己的弱點，才可能成功。

狄更斯曾說過：「頑強的毅力可以征服世界上任何一座高峰。」

永不放棄，是成功者的特性，因爲他們知道，每一個挑戰就如同一場球賽，一旦放棄了，比賽就結束了。成功並非偶然，得付出相當的代價，再偉大的科學家，在新科技發明前，也得嘗遍無數次的失敗。

每個人都知道，只要肯努力，多試幾次，一定會有成功的一天，但是能做到的又有幾個？朝著同一個目標，接受一次又一次的考驗，要面對的是外來的壓力？

還是自己的毅力呢？

一個年輕人走進一家微軟分公司，跟櫃檯接待小姐表示自己是前來面試的。接待小姐聽了覺得很奇怪，因爲公司目前並無職缺，也沒有刊登徵才廣告，當然沒有面試的安排。

年輕人告訴接待人員，自己是路過微軟公司而臨時起意，想進來試試看有沒有面試機會。接待小姐當然無法安排這件事，因此客氣地拒絕了年輕人的要求。但是，年輕人並不放棄，仍然一再拜託，希望能跟負責的人見上一面。正當接待小姐感到爲難，不知該如何處理時，經理剛好走了過來。問明原由後，經理覺得這個年輕人很特別，就答應了他的要求，破例幫他面試。

在面試的過程，經理用英文問年輕人一些問題，但是他答得很糟糕，英文也說得不太流利。年輕人向經理說明，自己是因爲事先沒有準備，才表現得不好。經理認爲年輕人只不過是找個藉口推託罷了，就隨口告訴他：「等你準備好再來試吧。」

一個禮拜過後，年輕人再次走進微軟公司，但是他還是沒有通過，不過表現得比第一次好多了。

經理依然給年輕人同樣的回答：「等你準備好再來試吧。」

就這樣，經過了幾次的面試，到了第五次，年輕人再度踏進微軟公司，終於通過了面試被錄取了。

進入公司後，年輕人也因為自己鍥而不捨、不斷精進的精神備受重視，成為公司大力栽培的人。

經理願意給年輕人機會嘗試，是因為他不放棄的精神，但這並不是他最後能順利進入公司的主因。對年輕人來說，最大的挑戰來自於自己，那就是面對「失敗」之時的勇氣。

一次的失敗，不代表永久的失敗，可是許多人卻因此一蹶不振。因為，失敗

會導致痛苦，讓人心生恐懼，對人對事的恐懼則會造成一道無法跨越的障礙，阻止自己繼續往前。

無法面對自己創造出的恐懼，才是人無法成功的主因。

許多新鮮人，剛進入社會時都會有深深的挫折感。在學校風光的自己，出了校園卻什麼也不是，面對的是最現實的一面。老闆會問你可以給公司帶來什麼利益，老闆不會給你多一次的機會，他要的是你能立即上手，處理好事情。許多人在面對最初的挑戰——求職這一關，就已打了退堂鼓。無法接受的不是老闆所出的難題，而是不願面對自己能力不足的事實。

一直將自己沉浸在挫折的恥辱中，並不會改善情況，唯有認清事實，不怕失敗的挫折感，努力改善自己的弱點，才可能獲得成功。

動手做，才會有收穫

有些人善用小智慧偷懶，指揮別人代替自己的雙手。雖然事情同樣能辦好，但是過程中的收穫卻是一輩子也無法體會的。

你是否發現，身邊有許多人靠著張「嘴」過生活？這些人中，只有少數屬於真正的領導階層，絕大部分則只有一張嘴巴，空無實力。光張口、不動手無法真正學到東西，只會破壞自己的人際關係。

台塑集團董事長王永慶有句名言：「勤勞、勤儉、嘴巴不要碎碎唸。」而懶人們卻總是說：「可以推給別人的事，自己何必做？」

從兩種不同的態度，你大概可以判斷誰會成功，誰只能在原地踏步，而且讓

周遭的人感到厭惡。

在一個小鄉村有個叫做巧嘴兒的少婦，每天和弟媳一起整理家務。當弟媳切菜時，巧嘴兒就會站在旁邊說：「那個蘿蔔要切成丁，不能切成塊。要不然炒起來火候不均勻，就不好吃了。」

弟媳準備倒油進鍋中時，巧嘴兒又開口了：「油要等到鍋熱才能放進去，別倒得太多，會膩嘴的。」

弟媳打掃庭院時，巧嘴兒看了看，忍不住又開了口：「掃把不能這樣拿啊，塵土都飛起來了。妳應該沿著牆角順著掃過來……」

當弟媳將洗好的衣服晾到竿子上時，巧嘴兒馬上又說：「衣服不能這樣晾，要反折過來，才不容易縐巴巴。」

不管巧嘴兒說什麼，弟媳什麼話也不說，馬上照她的話去做。每天就看到弟媳一個人忙進忙出，巧嘴兒就像個少奶奶似的，只是站在旁邊看，出聲指導她該如何去做。

有一天，住在隔壁鄉鎮的一位長輩來家中拜訪，巧嘴兒請他上座後，就呼喚著弟媳倒茶來。等到茶端上來後，巧嘴兒一看，不滿意地告訴弟媳：「茶泡得太過了，這樣味道會苦澀的，下次茶葉要早點拿出來。」接著，又要弟媳去廚房準備點心。

長輩看在眼裡只是笑笑，問巧嘴兒：「妳這樣持家一定很辛苦吧？」

「可不是嗎？我每天忙東忙西的，一會兒要交代這個，一會兒又要交代那個。弟媳不懂的地方還要花時間教她，忙得很呢！」巧嘴兒一聽，馬上劈哩啪啦說了起來。

長輩瞧了瞧巧嘴兒，嘆了一口氣說：「妳的面相很好，本來應該很好命的，只可惜……」

看到長輩欲言又止，巧嘴兒耐不住性子追問了起來。

停了許久，長輩再度開口：「如果妳要好命的話，必須做到一件事。那就是一個月不能開口說話，只要做到，保證妳以後可以過好日子。」

巧嘴兒謝過長輩後，就真的開始閉上嘴，一句話也不說。

當她看到弟媳做的家事，不如己意想開口糾正時，想到長輩的叮嚀，只好閉上嘴。巧嘴兒比手畫腳老半天後，弟媳還是搞不清楚她的意思，她受不了，只好自己動手做了起來。

這時，她才發現，原來不開口也能將事情做好。

一個月後，巧嘴兒家事越做越順手，甚至比弟媳做得還好，同時也改掉了愛說話的毛病。後來，大家都知道著村裡有一位賢慧的婦人，手巧人又美，那就是巧嘴兒。

在〈認真的女人最美麗〉這首曾流行一時的歌中，有幾句歌詞是這樣說的：

「認真的態度是一種過程，付出的不會是犧牲，認真的堅持迎向妳人生，妳就是最美的女人。」

當一個人認真的去做一件事時，散發出來的，是一種發自內心努力不懈的精神，因此流下的汗水也特別動人。

或許生活中，有些人善用小智慧偷懶，指揮別人代替自己的雙手，雖然事情同樣都能辦好，但是過程中的收穫卻是他們一輩子也無法體會的，別人對他們只會發號施令也容易反感。

人的身體是一個十分細緻的構造，不時常加以使用只會退化與遲鈍。別沾沾自喜於又能少做某件事，因爲你少的不僅僅是身體上的勞動，還在自己的心裡弄出一個大窟窿，成了不受歡迎的人。

別讓你的理想成為空想

把每一個嘗試，都當成經驗的累積，接受挫折成為進步的一部分，才能增添自己的信心，別讓恐懼成為生命的絆腳石。

如果你一直想做某件事情，卻總有外在因素讓你裹足不前，而遲遲不能成行，請你仔細的思考，那些理由眞的足以成爲阻擋你的原因嗎？

學步中的孩子，不會因爲跌倒的疼痛就放棄再次以雙腳站立，反觀，許多成年人卻不想變化，拒絕嘗試新的事物，不願面對全新的人際關係，將自己困在熟悉而安全的環境中，不想做任何的改變。

這一切都是源於對人對事的恐懼。

席寧先生是一個事事要求完美又小心翼翼的人，沒有十足的把握與萬全的準備，不會輕易嘗試任何的改變。不管要下什麼決定，他都要經過再三思考、評估，也因此常常錯失良機。

第二次世界大戰結束後，席寧先生進入了隸屬美國郵政總局的海關部工作。剛開始，他很喜歡自己的工作，一切都井然有序，按照規定執行作業，不需擔心突發狀況。

這樣周而復始的日子一天一天過去，轉眼間已經邁入了第五年，席寧先生開始感到不安與不耐。

一方面是工作上的限制越來越多，複雜的流程與作業讓席寧先生覺得自己快喘不過氣。另一方面也因工作死板，不管在薪資上或人事上的升遷都毫無希望。這些原因使得席寧先生對工作越來越不滿。

有一天，當他在崗位上查驗新進的貨品時，突然一個想要念頭閃進他的腦中。

他在海關的工作，讓他學習到貿易商應有的專業知識，甚至接觸到的領域比一般貿易商更廣更多。這些優勢都足以讓他自行創業，不管是食品買賣，或者是服飾、玩具經銷……等，他都有辦法勝任。況且，海關工作還爲他累積了不少的人脈。

從他有創業的念頭開始，不知不覺過了十幾年。席寧先生成爲一個成功的貿易商了嗎？不，他仍然在海關做著一成不變的工作。

爲什麼呢？

原來每次當席寧先生好不容易下定決心，準備放手一搏時，總會有許多事情跟理由，使他打消了念頭。不管是新生命誕生、資金欠缺、景氣不好、貿易條例修改、上司挽留……等等，種種藉口讓他一拖再拖，始終沒有跨出第一步。

蘇格拉底認爲：「藉由發問來檢驗自己、自己的天性，才能進入靈魂深處，超越自我，為自己規劃出一條道路。」

只可惜，很多人寧願待在自己量身訂做的監牢裡，不願意走出來。

面對恐懼是一件困難的事，選擇忽視與逃避的大有人在。這些人放任這些負面的情緒結成一張大網圈住自己，進而影響人生。

許多人都有偉大的夢想，卻總在生命結束時才發現自己的夢想淪爲空想。是眞的遙不可及，還是不願去實現呢？

沒有跨出第一步，就不可能有成功的機會。把每一個嘗試，都當成經驗的累積，接受挫折成爲進步的一部分，才能增添自己的信心。

別讓恐懼成爲生命的絆腳石，全心全力朝目標努力，相信自己走在成功的路上，最後就一定能成功。

PART 7.

先有好心情，才會有好事情

老是用負面的心情看待問題，

再如何簡單容易的事情，

也會籠罩上層層陰影。

想要讓自己心想事成，

就必須時時擁有正面樂觀的好心情。

軟弱只會讓你走向失敗

若想做出一番事業，應要有更強韌的決心。天無絕人之路，問題在於：找到那條路之前，我們是不是先「棄械投降」了？

詩人紀伯倫曾說：「你過得是否幸福，並不是以什麼事發生在你身上來做決定，而在於你用什麼態度看待這些事情。」

確實，幸與不幸，很多時候只是觀看角度的不同，只要懂得用正面的心情看待事情，人生就會少一點痛苦，多一點幸福。

心情是決定事情成敗的重要關鍵，心境一旦改變，眼前的事情就像朝著不一樣的面向發展。

話說差點就稱霸歐陸的蓋世英雄拿破崙慘遭失敗，被流放到聖赫勒拿島之後，他的一位善於謀略的密友透過秘密管道，爲他捎來一副用象牙和軟玉製成的精緻西洋棋。

收到這項小禮物的拿破崙愛不釋手，從此一個人默默下起棋，藉此打發寂寞痛苦的時光。

時光匆匆過去，這副棋被摸光滑了，而拿破崙的生命也走到了盡頭。

拿破崙死後，這副棋流到市場上，經過多次轉手拍賣，不斷更換主人。

後來，在一個偶然的機會裡，這副棋的最後一位擁有者偶然發現，其中一枚棋子的底部居然可以打開，而且裡面還塞有一張敘述如何逃出聖赫勒拿島的詳細計劃表！

拿破崙算不算英雄？想來應該許多人會同意他的戰功彪炳，的確做過一番大事，連貝多芬都想著要把自己的「英雄交響曲」獻他呢！

但英雄也是人，也會喪志膽怯，也會多所猶豫。正是因爲如此，他在最後關頭放棄了，不再千方百計地想要逃出去重振聲威，否則絕對不至於連密友爲他精心設計的機關都無法看破。

法國小說家大仲馬曾經說：「誰若是有一剎那的膽怯，也許就放走了幸運在這剎那間對他伸出來的香餌。」

一剎那的膽怯、一剎那的疑惑、一剎那的猶豫不決……這些「一剎那」，或許就決定了我們一輩子的命運。

我們或許沒有拿破崙的才略，但若想要做出一番事業，應該要擁有比他更強韌的決心，告訴自己絕不放棄，因爲我們沒有放棄的本錢。

天無絕人之路，問題在於：在找到那條路之前，我們自己是不是已經先「棄械投降」了？相信，只要保持冷靜，擁有充分的決心，拿破崙沒辦到的事，我們未必也辦不到！

心，就是快樂的根

真正的快樂，是一種心靈層次的追求。當你可以可以自由自在，可以隨遇而安，你還能有什麼不快樂的理由呢？

林肯曾說：「大部分的人只要下定決心，都能很快樂。」

這句話說明了快樂是來自內心，而不是存於外在。一切從心開始，要先有一顆快樂的心，你才會看到雨後的彩虹。

在一座山麓的盡頭，水清草美、風景宜人。聽說這座山上出產一種「快樂藤」，只要是經過自己努力得到這種藤的人，一定會喜形於色，茅塞頓開，不知道煩惱爲何物。

爲了得到數不盡的快樂，一位年輕少年不惜跋千山涉萬水，前去找尋這種傳說中的快樂藤。

他歷經千辛萬苦，好不容易爬過蜿蜒的陡坡，來到山麓的盡頭。在險峻的山崖上，他終於尋獲了快樂藤。

可是，他雖然手裡握著這種藤，心裡卻沒有感到預期的快樂，取而代之的，是一種空虛和失落。

這天晚上，年輕人在山裡一位老人的家中借宿，月光皎潔，夜色明媚，年輕人卻發出了一聲長長的嘆息。老人看見了年輕人鬱鬱寡歡的模樣，問道：「究竟是什麼事讓你這樣嘆息呢？」

年輕人說出了自己心中的疑問：「爲什麼我已經得到了傳說中的快樂藤，卻沒有得到相對的快樂呢？」

老人回答道：「其實，快樂藤不只有長在這裡，只要你有快樂的根，快樂藤

到處都能生長，不管走到天涯海角，你都一樣能得到快樂。」

老人的話使這個年輕人覺得耳目一新。

「快樂的根」？他從來沒聽說過這種東西！於是，年輕人又問：「我要到哪裡才能找到快樂的根呢？」

「心，就是快樂的根。」老人回答。

同樣面對不景氣，爲什麼有人過得很快樂，有人卻過得很痛苦？那是因爲，過得快樂的人知道大環境並不是個人可以左右的，但是小環境卻可以經由本身調適而改變，因此抱著快樂自在的心情面對自己的處境。

至於不快樂的人則是不知轉換角度看待眼前惱人的事。

每個人都渴望得到快樂，我們盡了最大的努力去追求，後來才發現，我們追求的原來不是「快樂」，而是「享樂」。

快樂和享樂不一樣。追求享樂只是追求短暫的刺激歡娛，片刻之後，還有片刻，那是永無休止的。一旦失去了刺激，或者滿足不了慾望，便會感到痛苦，最終還是得不到快樂。

眞正的快樂，是一種心靈層次的追求。當你可以自給自足，可以自由自在，可以隨遇而安，可以問心無愧，還能有什麼不快樂的理由呢？

透過享樂的確可以得到某些短暫的快樂，然而，可以打從心底發出對前景充滿信心的微笑，那才是最大的快樂。

先有好心情，才會有好事情

老是用負面的心情看待問題，再如何簡單容易的事情，也會籠罩上層層陰影。想要讓自己心想事成，就必須時時擁有正面樂觀的好心情。

有一位作家曾經如此說過：「懂得很多不容易，懂得很多而時刻以為不足，尤其不易。」

在這個資訊爆炸的時代，要懂得很多其實不難；有什麼疑問困難，上各大入口網站、維基百科一查，就算不知道百分之百，也可以大概知道個六七十，多麼輕鬆、多麼容易！

但是，爲什麼還是有很多人犯下「無知」之錯？

答案很簡單，因為不懂得「時刻以為不足」，以為自己「都知道」，所以就「先入為主」了。

許多年前，哈佛因為某任校長一次錯誤的判斷，付出了很大的代價。

有一天，一對老夫婦，女的穿著一套褪色的條紋棉布衣服，而她的丈夫則穿著布製的便宜西裝，也沒有事先約好，就直接去拜訪哈佛校長。校長的秘書在片刻間就斷定這兩個鄉下土包子，根本不可能與哈佛有業務來往，便對他們愛理不理的。

老先生輕聲地說：「我們要見校長。」

秘書禮貌地回答：「他整天都很忙！」

女士於是說：「沒關係，我們可以等。」

過了幾個鐘頭，秘書一直不理他們，希望對方知難而退自己走開。他們卻一直等在那裡，絲毫沒有打算離開的跡象。

秘書沒辦法，終於決定通知校長：「也許他們跟您講幾句話就會走開。」

校長無奈，也只好不耐煩地同意了。

不久，校長開了門，擺出架子，心不甘情不願地面對這對夫婦。

這位來訪的女士告訴他：「我們有一個兒子曾經唸過一年哈佛，他很喜歡哈佛，在哈佛的生活很快樂。但是，去年他因意外死亡，我丈夫和我想在校園裡為他留下一項紀念品。」

校長並沒有被感動，反而覺得很可笑，粗聲地說：「夫人，我們不能為每一位曾讀過哈佛而後死亡的人建立雕像。如果每個人都這樣做，校園會看起來像墓園一樣。」

女士說：「不是，我們不是要豎立雕像，而是想要捐一棟大樓給哈佛。」

校長仔細地看了一下兩人身上的條紋棉布衣服及粗布便宜西裝，然後吐一口氣說：「你們知不知道建一棟大樓要花多少錢？本校建築物的價值，一棟都超過七百五十萬美元呢！」

這時，女士沉默不講話了。

校長很高興，心想總算可以把他們打發走。

沒料到，這位女士突然對她的丈夫說：「只要七百五十萬就可以建一座大樓？那我們爲什麼不建一座大學來紀念我們的兒子？」

就這樣，這對夫婦決定離開哈佛來到加州，並成立了史丹佛大學來紀念他們的愛子。

老是用負面的心情看待問題，再如何簡單容易的事情，也會籠罩上層層陰影。相對的，想要讓自己心想事成，就必須時時擁有正面樂觀的好心情。

人之所以經常錯失良機，通常在於不懂得用好心情去面對事情。

就算是哈佛校長，也都會犯下這樣的錯誤，更不用說是平凡的我們了。不必等別人用「狗眼看人低」來評論他，這位校長就已經爲自己的「先入爲主」付出了非常大的代價。

貴爲一校之長，當然不可能在每個訪客進門前，把對方的身家背景完全查個

一清二楚，因此要避免「先入爲主」的最好方法，就是給予每個來訪的人最大的尊重，不要那麼勢利。

只要不急著「事先判定」，「誤判」就不會發生。換句話說，在沒有百分之百的確定之前，千萬不要把話說得太滿，也不要爲自認爲「已經知道」的事物自鳴得意，一旦心裡出現「早就知道了」、「我怎麼會不曉得」的想法，那就是最糟糕的時候。

西方有這樣一句諺語：「驕傲自滿的人，有恥辱跟隨著他；謙遜謹慎的人，有智慧陪伴著他。」

話很簡單，但的確是眞理。且讓我們共勉之！

再小的細節，也不能任意忽略

注意微小的問題，別因為它「看似荒謬」而忽視。因為在許多時候，小小的細節中往往包含著大大的關鍵。

我們常常把一些說不出「爲什麼」的問題，當做「不可解」、「超自然」的怪現象處理，可是這種心態的背後，卻往往突顯出一般人敷衍了事、不懂得打破砂鍋查到底的苟且心態。

心境決定環境，心情決定事情。一個成功的人，往往保持著正面、樂觀的好心情，也因此常常會從細微的事情之中得到啓示。

有一天，美國通用汽車公司的客戶服務部收到一封信：

「這是我爲同一件事第二次寫信，我不會怪你們沒有回信給我，因爲我也覺得這樣別人會認爲我瘋了，但這的確是一個事實。我家有個習慣，就是每天晚餐後，都會以冰淇淋來當飯後甜點。由於冰淇淋的口味很多，所以每天飯後家人才會投票決定要吃哪一種口味，之後我再開車去買。但自從我買了貴公司旗下出品的新車之後，問題就發生了。

每當我買香草口味時，從店裡出來車子就發不動。但如果買其他口味，發動就順得很。我對這個問題很認眞，儘管聽起來很奇怪：爲什麼當我買了香草口味冰淇淋它就罷工，而我不管什麼時候買其他口味，它卻又變得生龍活虎？這究竟是爲什麼？」

事實上，客服部經理對這封信還眞的心存懷疑，認爲會不會是故意寫信來搗亂的？但他想了一想，還是派了一位工程師去查看究竟。

工程師去找這名用戶時，很驚訝地發現這封信是出自一位事業成功、樂觀、且受了高等教育的人。由於約定見面的時間剛好是在晚餐之後，兩人於是一同上車往冰淇淋店開去。

那個晚上，這家人投票的結果是香草口味，當買好香草冰淇淋回到車上後，車子果然發不動了。這位工程師覺得很奇怪，便在之後連續三天，於同樣的時間前來觀察車子的情況。

第一晚，巧克力冰淇淋，車子沒事。第二晚，草莓冰淇淋，車子也沒事。第三晚，香草冰淇淋，車子卻發不動了。

這位思考極富邏輯性的工程師，還是不相信這輛車子對香草口味過敏，因而繼續安排相同的行程，希望能夠將這個問題解決。

工程師開始記下一開始到目前爲止的種種詳細資料，如時間、汽油的種類、車子開出及開回的時間……等。

在查閱、比較了許多資料之後，工程師終於有了一個結論，由於香草冰淇淋是所有口味中最暢銷的，店家爲了讓顧客每次都能很快拿取，便將香草口味特別

放在店面的前端；至於其他口味則放置在後端，因此這位用戶買香草冰淇淋所花的時間比其他口味要少。

有了初步結論之後，接下來的問題就是，爲什麼這部車會因爲熄火到重新發動的時間較短而發不動？

很明顯的，原因絕對不是香草冰淇淋，而是蒸氣鎖。

當用戶買其他口味時，由於時間較久，引擎有足夠的時間散熱，重新發動時就沒有太大的問題。但是買香草口味時，由於花的時間較短，無法讓蒸氣鎖有足夠的散熱時間。

後來，通用汽車把所有同款的車子召收，改善了蒸氣鎖的問題，此舉也受到相當的好評。

這個「通用汽車與香草冰淇淋之戀」，不知道給了你什麼啓示？

事件情節雖然有些曲折，不過在「爲什麼」背後所隱藏的不但是事實，更是

非常科學的「因果關係」。

相對的，再怎麼看似難解甚至荒謬的謎題，只要用認眞的態度對待，用科學精神發掘，那麼最終一定會得到貨眞價實的「眞相」。

如果通用汽車的人一開始就把這封信當做玩笑來看待，那他們就不會發現這個問題；如果那位工程師在摸不著頭緒後就死心不再追根究柢，那麼他也無法查出這整件事情的來龍去脈。

從這個知名案例，我們可以學到一件事，那就是：多多注意微小的問題，別因爲它「看似荒謬」而忽視。因爲許多時候，在小小的細節中往往包含著大大的關鍵。

多用腦袋，才不會受到傷害

只要在不違背道德良心的範圍內，適當的「心機」可以保護自己，還能爭得成就事業的機會。

斯達爾夫人曾說：「愈是處世圓融的人，愈有寬廣的胸襟。」

的確，肚裡能放一座山才算英雄漢，要做大事的人必須寬宏大量，即使是你內心不想原諒這個人，但表面上仍然必須表現出已經原諒他。

在戰場中時常得用到一些「奇謀」，比如緩兵之計、空城計等等，而日常生活雖然沒有眞實戰場中的煙硝味，一些奇謀妙計有時也能派上用場。

生活中，總會碰到一些令自己討厭的人、事、物，有人對此選擇走避，有人直接發生衝突，有些則用智慧來面對。

對付討厭的人，吵鬧、謾罵，或者直接攻擊，通常效果不大，如此行為不僅傷身傷心，還可能壯大對方的威勢。

最輕鬆的解決方法，莫過於寬容地對待。

從前，有個樵夫和美麗的妻子住在小村外的一片森林裡。每天天剛亮，樵夫就出門砍柴，一直忙到傍晚，才會結束工作返回家中，享受妻子為他準備好的熱騰騰飯菜。

有一天，樵夫因為斧柄鬆動，無法繼續工作，便提早收工回家休息。走近家門時，卻意外發現窗戶映出兩個人影。他悄悄從縫細中偷看，原來老婆正和村裡當舖的老闆在家裡偷情。

樵夫不動聲色，若無其事地打開門來，當舖的老闆聽到聲音，嚇得趕緊躲進房間的衣櫃裡。

樵夫天生是個機智的人，並不當場點破，一進門就給妻子一個擁抱，並告訴她：「今天我在工作時，遇到了森林之神，他告訴我，由於我非常勤奮工作，所以賜給我一對千里眼，不僅可以看見幾里之外任何細小的東西，也可以見到常人所不能見到的。」說完就往房間走去。

「現在，我看到房裡藏著一件非常值錢而且奇怪的東西。」樵夫邊說，邊把櫃子上鎖。

他告訴妻子，要將這件寶物拿去賣掉，今後就可以輕鬆過日子，然後他扛著櫃子，便往村子的方向走去。

不久，他走進當舖，一把將櫃子丟在地上，把躲在裡面的當舖老闆摔得七葷八素。

樵夫對夥計說：「這個櫃子跟裡面的東西都非常值錢，我用兩百個金幣出售，你可以考慮一下要不要買。」說完，樵夫就走到門外，悠閒地抽起水煙，等待夥計慢慢考慮。

這時候，在櫃子裡悶到快窒息的當舖老闆對夥計高聲喊叫，要他趕快把錢付清，好放他出來。於是，樵夫就帶著兩百個金幣快樂地回家了。

這是一則日本的古老寓言，當舖老闆最後為自己的行為付出代價，並被另類的方法狠狠修理了一頓，對樵夫而言，則不僅報復了戴綠帽的恥辱，還得到了一筆賠償金。

如果樵夫當下動怒，勢必會出現難堪的局面，甚至會發生毆鬥的可能，既然事情都已發生，何不轉個念頭，換個軌道去想，將傷害化到最小呢？

有句阿拉伯諺語說：「越是面對對不起你的人，越是要寬大為懷。」一味剛強處事，只會斷送自己的前途，因為有時將敵人逼到絕境，反撲的力量反而更大。

多用腦袋才不會讓自己受到傷害，適度的「寬容」可以保護自己，也可以掌握成就事業的契機。

過度自信小心毀了自己

自滿、自高自大和輕信，事實上就是因為對自己過度自信，相信自己的判斷「絕對不會錯」，就會犯了「輕信」的致命傷。

巴爾札克曾說：「自滿、自高自大和輕信，是人生的三大暗礁。」千萬要小心這三大暗礁，若不好好提防注意，它們的力量足以讓人生小船，在生命的旅程中撞得破破爛爛、傷痕累累，甚至於沉船失事。

著名的心算家艾伯特．卡米洛曾經誇下海口，說他這輩子「從來沒有失算過」。由於他能在極短的時間內，用心算的方式計算出好幾位數的四則運算，因此常常應邀到全國各地表演。

這一天，他來到某個小鎮的學校演出。在台上表演心算時，有人上台出了道題目給他：「卡米洛先生，聽說你從來沒有失算過，是眞的嗎？」

「當然。」卡米洛輕輕地點頭。

對方聽了，便說：「那，我請問你，一輛載著二百八十三名旅客的火車駛進車站，有八十七人下車，六十五人上車；下一站又下去四十九人，上來一百一十二人；再下一站又下去三十七人，上來九十六人；下下一站下去七十四人，上來六十九人；下下下一站又下去十七人，上來二十三人……」

那人剛說完，心算大師便不屑地答道：「小兒科！火車上一共還有……」

「不！」那人立刻打斷他：「我是想請您算出，火車一共停了多少站？」

艾伯特．卡米洛當下呆住，這組簡單的加減法，也成了他生平唯一一次的「滑鐵盧」。

艾伯特．卡米洛對自己的心算能力過於自信，理所當然覺得對方一定是要詢問他「最後火車上有幾位乘客」，卻沒有想到中了對方設下的陷阱。若不是對自己的計算能力太過自負，或許不見得會中計也不一定。

自滿、自高自大和輕信，事實上出於同樣的心態，那就是對於自己過度自信，相信自己的判斷「絕對不會錯」，結果就是犯了「輕信」的致命傷。

號稱「從來沒有失算過」的心算大師卡米洛，卻因爲自己的「神算」敗下陣來，原因正是在於他對自己的「不失算」太有信心。

相信這個故事，應該能夠給我們相當大的啓發。

反應太慢，只能不斷失敗

機會可能會有很多不同的面貌，但是，並非每個人都能及時看見，並緊緊抓住它。

英國有句格言是這樣說的：「有四件事一去不回：出口之言、發出之箭、過去之時、忽略了的機會。」

反應太慢，有的時候也是一種錯誤。因爲，難得的機會往往只會降臨一次，而且很多時候，常常在我們還沒有了解到那就是「機會」之前，它就悄然消失無蹤了。

有個農夫因爲不小心跌斷腿進了醫院，醫生於是問他是怎麼把腿跌斷的。農夫回答：「二十五年前，我在一個財主家當長工，有一天晚上，財主的獨生女來找我，問我：『你有什麼需要我的地方嗎？』」

「我回答她：『沒有。』」

「她又再問了一次：『你眞的不需要我嗎？』我堅定地告訴她：『眞的不需要。』然後她就走了。」

醫生聽了覺得很奇怪，便問農夫：「這跟你摔斷腿有什麼關係呢？」

農夫嘆了口氣回答：「昨天當我正在屋頂上修理破掉的屋瓦時，忽然之間才明白了她的意思。」

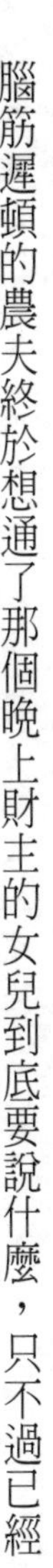

腦筋遲頓的農夫終於想通了那個晚上財主的女兒到底要說什麼，只不過已經

遲了三十年了。

要是當時就明白她的意思，或許現在就過著不一樣的生活，又何須爲了怕下雨，辛苦修理屋頂呢？這也難怪他要失神到從屋頂跌落了。

要知道，誰能及時抓住機會，誰就抓住了成功的尾巴。

機會可能會有很多不同的樣子與面貌，唯一不會變的，就是並非每個人都能及時看見，並緊緊抓住它。箇中原因有很多，但「反應太慢」應該是許多人都曾有的遺憾。

不妨回想一下自己過去的遭遇，再看看眼前四周，有沒有什麼機會可能是我們已錯過，或即將錯過的？

它也許看起來並不起眼，也許一開始我們還是會與它失之交臂，但不論如何，如果還不算太晚，趕緊張大你的眼抓住它吧！

磨練，是成功來臨前的考驗

只要承受得了磨練，一定會得到某種方式的回報，或許是更有韌性、更堅強，也或許是更多甜美而豐碩的成功果實！

曾經在一本書裡讀過這兩句話：「在暴風雨裡長大的才能是海鷗，在屋簷上長大的只能是麻雀。」

人都有選擇的機會，如果是你，你是要當展翅高飛的海鷗？或是飛都飛不高、吃又吃不飽，得要寄人籬下的麻雀呢？

從前從前有一個小鐵塊，原本一直過著快樂安逸的日子。這天，它的主人突然把它丟到火裡去，由於熱得好難過，鐵塊便向火燄說：「火燄大哥，可不可以稍微降低一點您的溫度呢？」

火燄經不起鐵塊的聲聲喊痛，最後只好答應降低溫度。不久後，鐵塊被人自火堆中取出放在鋼板上，開始接受鐵錘一下一下地重重敲打。

小鐵塊又受不了了，於是再度開口：「鐵錘大哥，可否將您錘打的速度再放慢一點，擊打的力量再輕一點，讓我少受點苦吧！」

鐵錘經不住鐵塊的苦苦哀求，也答應照做。

最後，鐵塊在經過沒多少鍛鍊的情況下出了工廠，可是過不了多久，它就滿身鐵鏽地被扔出原本工作的地方，成爲一塊沒人要的垃圾。

小鐵塊受不得高熱與錘打得原因其實很簡單，就是不想吃苦罷了，但是，等待著它的命運，就是變成一塊沒有用的廢鐵，很快就因爲生鏽而被丟棄。雖然很

殘酷，但這就是現實。

如果可以選擇，誰願意無端端承受折磨與痛苦？如果可以選擇，誰願意無端端接受試煉與壓力？相信沒有人會甘心無故忍受這一切；同樣的，這些勞苦也必然有其存在的原因。

究竟為了什麼，或許我們一時半刻沒有辦法瞭解，但終有一天我們會發現，正是過去這些磨練，才讓自己變成一塊堅韌的鐵塊，不生鏽、不毀壞，並能克盡其用。

也就是說，只要能忍得了苦，承受得了磨練，一定會得到某種方式的回報。或許是更有韌性、更堅強，也或許是更多甜美而豐碩的成功果實！

PART 8.

有好心情，才能談好事情

當吵架已非「頭腦與心靈的溝通」，

而變成「唇槍舌劍」的交鋒時，

這樣的爭吵，

就只剩下「逞口舌之快」的互相傷害了。

幫助別人，就是幫助自己

我們永遠不會知道，未來有什麼樣的命運與挑戰等在前面；幫助人可以讓你多一個朋友，這總比多一個敵人更好，不是嗎？

紀伯倫曾經說過：「在花中採蜜，是蜜蜂所需要的；但將蜜汁送給蜜蜂，也是花所需要的。」

很多時候，我們可以在自然界當中觀察到一種相依相存的「互利關係」，這種關係存在於蜜蜂與花之間，存在於小丑魚與珊瑚之間，也存在於鯊魚與吸盤魚之間。牠們互相幫助、各取所需；一旦缺少了任何一方，都會爲彼此帶來很多的不便。

有一位叫沙都．辛格的冒險者，喜歡到各個地方去冒險。有一天，他和伙伴打算挑戰聖母峰，途中卻遇上了暴風雪，天氣非常惡劣。他們一路前行，氣溫越來越低，成功的機會似乎也越來越渺茫。

正當兩人精疲力盡穿越喜馬拉雅山的一個山口時，竟然看見一個人躺在雪地裡奄奄一息。

辛格打手勢給伙伴，準備停下來幫助那個人。

豈料，他的伙伴卻說道：「如果帶著這個累贅，連我們都會送掉性命的，別傻了！」

但是，辛格卻堅持：「我不能自己丟下這個人，任由他凍死在雪地裡！」

「那麼，你就跟他在黃泉路上作伴吧。」他的伙伴只丟下這句話，便自顧自地向前走去。

辛格見伙伴不願伸出援手，只好背起這個人繼續前行。漸漸地，辛格的體溫使這個人凍僵的身軀溫暖起來，他的體溫也溫暖了辛格，兩人互相扶持，不久已經可以並肩前進。

沒想到，當辛格賣力趕上先前的那個伙伴之時，卻發現他因為失溫，已經凍死在路邊了。

人與人之間的關係，固然經常是相互競爭的，但也會有相互幫助的時候；很多時候我們會發現，自己因爲出於善心而對對方伸出援手，到最後，反而自己也同樣蒙受了對方的照顧。

這是一種互利的關係，也是人際關係中最基本原始的形式。想想，當初茹毛飲血的原始人，如果不懂得互相幫忙，要如何對抗野外的兇猛野獸呢？從前的農業時代裡，如果大家無法互相協助，又要怎麼播種、收割呢？

進入了現代社會，很多人反而忘了這種「互助互利」的關係，面對他人的時候，只想著自己、只顧著自己，這在文明上與心態上幾乎可算是一種「開倒車」

的行爲。

當然，我們不是鼓勵大家做「濫好人」或「聖人」，即便有些人眞的能夠做到「只求付出不求回報」，但絕大部分的人免不了還是會有私心存在。

這並沒有錯，但是我們要明白，很多時候在能力範圍內對他人伸出自己的手，受益的將不會只有對方而已。

因爲我們永遠不會知道，未來有什麼樣的命運與挑戰等在前面；幫助人可以讓你多一個朋友，這總比多一個敵人更好，不是嗎？

無法改變環境，就設法轉換心境

所謂學習忍耐生活，是要我們從心靈徹底地覺悟，當我們無法改變環境時，就改變自己，用微笑來轉換心境。

人是群居的動物，只有學會與他人和諧相處，才能生活愉快。想要事事如己所願是個天方夜譚，因此，學習容忍生活中的不便之處，並泰然處之，是處世的重要法則。

就像我們常常見到許多愛子心切的父母，爲了讓孩子有良好的讀書環境，極盡所能地營造一個安靜的空間，全家小心翼翼，就怕弄出一點噪音來，但是在這樣環境下苦讀的孩子，卻不一定會有好成績。

因爲，周遭太過安靜的情況下，反而容易因爲一丁點小聲音就受到嚴重的干擾。保護過度，只會造成反效果。

有一個男人，個性內向不多言，獨自一人經營著農場。他細心照顧牲口，整理周遭環境，過著日出而作、日落而息的規律生活。一天的辛勞過後，他喜歡端著一杯茶，坐在庭院裡享受大自然的寧靜。

日子一天天過去，年紀越來越大的他覺得應該是成家的時候了，於是娶了一個可愛的女人，並生下幾個孩子。可是，他的妻子天性活潑，又是一個大嗓門，忙完一天的家事後，似乎仍有用不完的精神，總是嘰哩呱啦地說個不停。此外，孩子個個都是母親的翻版，整天衝來衝去、大叫大笑，玩得渾然忘我，沒有一刻靜得下來。

喜歡安靜的他再也受不了了，無助地跑去找上帝，希望能得到解決的方法。當他走進教堂時，發現上帝正面對牆上的自己，低頭祈禱著。

男人見了，十分納悶地問：「親愛的主啊！爲什麼您也在禱告呢？您不是萬能的嗎？」

上帝在胸前畫完十字架才回頭對他說：「孩子，自己的問題必須自己解決，我能做的只是傾聽並給予建議。你看，我也要對自己傾訴煩惱呢！」

男人聽完並沒有離開，不放棄地懇求：「萬能的天父啊！您再不救我，我可能永遠看不到您了，我快被家人的噪音淹沒了……」

上帝嘆了口氣說：「你回家後，把家裡所有的牲口全部關到屋內，一週後問題就解決了。」

男人半信半疑地回家了。

一個禮拜過去，男人面容更憔悴了，不滿地告訴上帝：「家裡更吵了。人聲、牲畜叫聲、彼此嬉鬧聲……快把我搞瘋了！我寧可下地獄和撒旦相處，也不想待在家裡！」

上帝滿臉微笑，不慌不忙的回應：「現在，你回家把所有牲畜趕出屋內，打掃一下房間，一個禮拜後再來見我。」

還不到一週，男人便迫不及待來到上帝面前，滿臉興奮地說：「親愛的天父啊！感謝您！我現在覺得世間是如此的安寧和幸福。」

男子感謝上帝重新賜予他安寧和幸福日子，可是他的生活與一週前並無差別，會有改變的感覺是出自於有所比較。

但不是每一個問題，在比較過後都有重來過的機會，因此，改變自己的心態來適應生活，就變成一件重要的事。

所謂學習忍耐生活，並非如同字面上的意義，只是要求人忽視不愉快的地方，而是要我們從心靈徹底地覺悟，當我們無法改變環境時，就改變自己，用微笑來轉換心境。

當然，每一個人的身體機能不同，感受度亦不同，不能用同樣的標準來要求，這時候只能寬容地對待，從兩個極端中求出最佳的平衡點。

小心脫口而出的話成為傷人的利刃

劈頭亂罵不僅會造成雙方的不愉快，甚至會在對方心靈上留下傷痕，即使結痂的傷口也會留下痕跡。

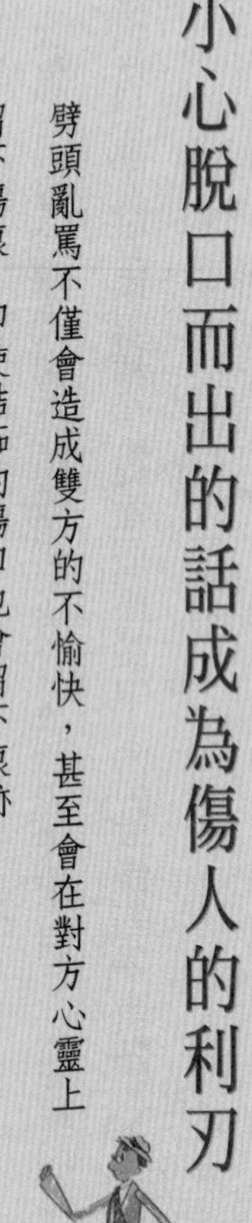

是否曾經感覺過，聽了某些人說話之後，總是讓人特別不舒服呢？

其實，仔細想想，這些人的出發點並非惡意，只是他們表現的方式常常讓人無法接受。

說話的口氣，能表現出一個人的情緒與修養。有些人說話的語調總是特別重，像是在罵人，誤會也就因此產生。

也有些人，總是以刻薄的眼光來看事物，以批評代替溝通，如果再配上聲量

和語氣，就會有潑婦罵街的情況出現。

古時候，有一個脾氣非常差的人，常常動不動就對人破口大罵，而且罵得非常難聽，絲毫不給對方留一點面子。

他有一個很特別的習慣，就是在吃東西時罵得最兇，邊吃邊吼，嘴裡的食物和著口水四處橫飛。僕人們最討厭服侍主人吃飯，只要他一吃東西，必定把僕人罵得狗血淋頭，甚至摔破碗盤、亂丟湯匙跟筷子，讓僕人疲於奔命地清掃，一天三餐，沒有一天不是這樣。

所有飯館的老闆都討厭他，但是來者是客，又不能把他趕出去，只好一再忍讓。有一天，一家酒店的老闆再也忍不住了，就在這個人酒足飯飽要離開之際叫住他：「我有一隻很優秀的狗想送給你，這隻狗跑得很快，而且擅長追捕獵物，把牠送給你真是再適合不過啊！」

那人帶著狗，就這樣一路走回家。回到家後，他又覺得肚子餓了，就要僕人準備飯菜。當他拿起筷子準備吃飯時，突然心血來潮要僕人把狗也帶過來餐桌旁，要狗兒陪他一起吃。

當碗放到狗面前時，狗並不急著吃，反而仰起頭，開始狂吠，叫過一陣子後，才低下頭吃飯，吃不了幾口，又開始亂叫。就這樣一邊吃一邊吠，只見食物噴得滿地都是，吃完後，這狗竟然還一腳把碗給踢翻。

從此，主人坐在上面邊吃邊罵人，狗也在腳下亂叫，每一頓飯都會有這樣的畫面。直到有一天，僕人忍不住笑了出來，他才發現原來酒館老闆用一隻狗來譏諷他，但自己卻始終沒有發現，白白成了大家口中的笑話。

當故事中的主人看著那隻亂叫的狗，是自傲於牠得到自己的真傳，還是感到是種對自己的侮辱呢？

這個故事除了告誡我們要注意自己的脾氣外，更要隨時反省自己，以旁觀者的角度來了解別人如何看待自己，並從中找出需要改進的地方。

有些人習慣於用責罵來處理生活中的大小事，甚至沒有搞清楚狀況就劈頭亂罵，這樣不僅造成雙方的不愉快，甚至會在對方心靈上留下傷痕。

尤其是許多長輩對待晚輩，因爲有著濃厚的血緣關係，所以責罵起來更是不留情面。對晚輩而言，別人的辱罵尙可不予理會，但若連親人都如此對待自己，所造成的心靈上的傷痛必然很深，這個傷害絕對不是事後稍加關懷就可以輕易彌補的。

我們都知道，結痂的傷口也會留下痕跡，所以我們更注意自己的言行，別在不自覺中，讓出口的話成爲一道利刃，要知道即使不是有意，也可能會深深地傷害了對方。

別讓恐懼擊倒你

很多時候，熄滅人類生命之火的不是那些病痛與災難，而是我們自己內心的軟弱。

法國哲學家盧梭曾經說過：「人要是懼怕痛苦、懼怕不測、懼怕生命的危險和死亡，他就什麼也不能忍受。」

一個什麼也不能忍受的人，能夠面對什麼挑戰？接受什麼考驗？恐怕在最後的結果來臨之前，就先判了自己死刑了吧。

說到死，這個世界上有誰不怕死？但人要是對於死亡過分懼怕，有的時候反而會將自己往「死」更推進一步。

話說地獄的閻羅王年終結算，發現這個年度人死得太少，數量大大不足。於是，他派出幾名大使，到不同的國家去「索命」。

瘟神大使奉命到一個島國，此次的任務是招五千條人命。出發前，閻羅王還特別叮嚀：「你這次去，務必要收到五千條人命，一條都不能少！」瘟神大使點點頭，便出發了。

幾週後任務完成，瘟神大使打道回地獄。

沒有想到在回程中，他和另一位大使擦肩而過，對方忍不住對他豎起大拇指，並說：「喂，你很行嘛，我在另一個國家看到新聞，你奪走的人命遠不只五千條，總共有五萬條哪！」

「嗯，」瘟神大使回答：「真是冤枉，我真正取走的人命，只有五千條，其餘都是『恐懼』取走的。」

故事裡的「瘟神」，可以是一種病，也可以是天災、人禍、戰爭……不論它是什麼，「恐懼」都會與它如影隨形，奪走與它相等，甚至更多的人命。

人跟其他動物不同的地方，在於人有一顆聰明的腦袋；但也因爲這顆腦袋，人學會了「自己嚇自己」、「自己否定自己」，學會了「放棄」與「絕望」。因爲害怕慌亂，讓我們不由得自動繳械投降。

「恐懼」會痲痺神經，消磨鬥志，讓我們在開跑的槍聲還沒響之前，就先跌倒在跑道上，再也爬不起來。恐懼讓我們將自己的雙手反綁，消極等待最壞的結局來臨。

不管什麼時候，都要保有好心情，千萬別讓恐懼把我們的意志力奪走。別忘了，很多時候，熄滅人類生命之火的不是那些病痛與災難，而是我們自己內心的軟弱。

有競爭，才有精采人生

競技的永恆與美麗就在於一定會有輸贏，但卻不會有永遠的贏家跟永遠的輸家。人生唯有勇於接受挑戰，才會更精采可期！

德國詩人歌德曾經寫下這樣的詩句：「流水碰到牴觸的地方，才會把它的活力解放。」

同樣的，唯有處在競爭的環境當中，人才能將自己的能力釋放出來。如果不把自己放在那樣的環境裡，不給自己一些激發自己潛能，讓自己全力向前的機會，很可能絕大部分的人就會選擇原地踏步、不再努力了。

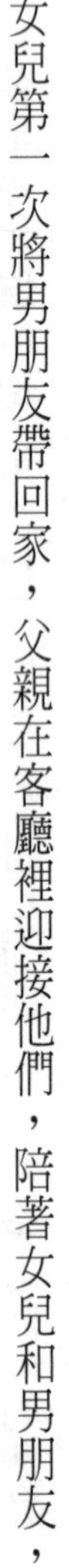

女兒第一次將男朋友帶回家，父親在客廳裡迎接他們，陪著女兒和男朋友，天南地北的聊著。

父親問女兒的男友：「你喜歡打球嗎？」

男朋友誠實回答：「不，我不是很喜歡打球，我大部分的時間都用來看書或是聽音樂。」

父親又問：「你喜歡看田徑或是球類競賽嗎？」

男朋友：「不，對於這些有關競賽性的活動我沒什麼興趣。」

男朋友離開後，女兒問父親：「爸，你覺得這個人怎樣？」

父親回答：「如果只是和他做朋友我不反對，但如果妳想嫁給他，我是堅決不會贊成的。」

女兒訝異的問：「爲什麼呢？」

父親：「一般人養黃鸝鳥，絕不會將黃鸝鳥關在自家的鳥籠裡，主人會帶到

茶館，那兒有許多的黃鸝鳥。新的鳥兒在茶館聽到同類此起彼落的鳥鳴聲，便會不甘示弱，也引吭高歌。這是養鳥人訓練黃鸝鳥的訣竅。」

女兒問：「但這和我的男友有什麼關係呢？」

父親說：「養鳥人刺激黃鸝鳥競爭的天性，訓練黃鸝鳥展露優美的歌聲，若是沒有競爭，這隻黃鸝鳥可能就終生啞了，不能發出任何叫聲，這是因爲沒有其他的鳥兒與他比較。」

女兒似有所悟地點點頭。

父親繼續說道：「妳這位男朋友，既不運動，也不喜歡運動，也不喜歡球賽，幾乎排斥一切競賽性活動，我認爲，這樣的男人將來恐怕難以有所成就。」

女孩的父親也許犯了「以偏概全」的毛病，不過我們寧願相信，這是以他的經驗所歸納出來的「閱人之術」。

人都有惰性，很容易安於現狀，如果沒有受到刺激，就算身爲獅子，大部分的人也會選擇做一隻沉睡中的獅子。

運動和競技的永恆與美麗就在於，一定會有輸贏，但卻不會有永遠的贏家跟永遠的輸家。唯有彼此競爭、彼此激勵，才能夠將紀錄一而再、再而三地打破，將人的極限不斷地向上提升。

我們不一定要是運動員，但卻不能不用運動員的精神勉勵自己。千萬別做不會叫的黃鸝鳥，勇於接受挑戰刺激，人生才會更精采可期！

有好心情，才能談好事情

當吵架已非「頭腦與心靈的溝通」，而變成「唇槍舌劍」的交鋒時，這樣的爭吵，就只剩下「逞口舌之快」的互相傷害了。

不妨問問自己這些問題：

我常常跟人家吵架嗎？跟人吵架的時候，我能夠好言好語地與對方說話嗎？在爭論的時候，我是否容易失去控制？最重要的是——吵架之後，我與對方得到了什麼？是否只有負面的情緒留了下來？

明代的文人薛瑄曾經這麼說：「二十年制一『怒』字，尚未消磨得盡，以是知克己最難。」

很多時候，我們的確不得不同意他的話呢！

李先生是一家工廠的老闆，公司約有五六百名員工的規模，由於自身積極的投入，不管是在業務上或是在管理上，均有相當的成效。

運籌帷幄，樣樣指揮若定的他，唯獨對兒子沒辦法，父子倆的代溝就像台灣海峽般，怎麼樣也無法跨越，每次一見面，沒說三句話，又是拍桌又是摔門，弄得家裡雞飛狗跳。

這天，因爲兒子的晚歸，家裡再度成了戰場，就在雙方面紅耳赤之際，兒子突然間住口，平靜地說：「再這樣吵下去也不是辦法，能不能請你把我剛剛說的那句話說一遍給我聽？」

李先生壓根兒也沒想到有這怪招。他歪著頭想了一想，說：「你說……你說……做父親的太能幹，當然看不起兒子。」

「不對！你再想想看，我是這麼說的嗎？」

「渾小子！自己說過的話，為什麼不自己再說一次？」

兒子突然間笑出聲：「你看，從頭到尾，我說什麼你都沒有在聽，那些話是你自己想的，我可沒這麼說。我們不是要溝通嗎？那麼我說什麼，你重複一次給我聽，再輪到你說，我來重複，否則這種爭吵會沒完沒了的，你再想一想我到底是怎麼說的？」

李先生想一想，終於承認：「我真的想不起來，你再說一次好了。」

「好吧！我是說，父親很能幹，兒子我一方面很佩服，一方面怕自己跟不上，心裡多少有點壓力。」

李先生冷靜一想，他說得合情合理，自己怎麼會那麼激動？

這天晚上，父子倆頭一次可以靜下心來談上兩個小時而不吵架，這個效果，連李先生也意想不到。

反唇相譏的爭執，永遠不會有交集。但願什麼時候，我們也能像李先生的兒

子一樣頓悟這個道理。

有的時候，爭吵是唯一一種把話「說出來」的方式。但是，當吵架已非「頭腦與心靈的溝通」，而變成「唇槍舌劍」的交鋒時，我們往往會在不知不覺中把內心那道門給關上，不再把對方的話聽進心裡。這樣的爭吵，就只剩下完全憑條件反射，「逞口舌之快」的互相傷害了。

不能保持好心情，就無法談好事情。想想我們自己，是不是也傾向於將吵架帶向這種負面而且沒有建設性的爭執之中呢？

故事中兒子的方法很簡單，但的確值得我們參考。不必提什麼長篇大論，只消兩個人把對方所說的話一字一句聽進心裡、慢慢咀嚼，那就夠了。

懂得包容，才會幸福

我們要做的不是互相數落、算計究竟你的缺點多還是我的缺點多，而是互相理解、互相包容。

並不是只有十全十美的人才值得喜愛，更不是只有完美無缺的人才能做為我們的終身伴侶、父母子女與朋友。

原諒是一種美，懂得包容他人的缺陷更是一種美。並且，這些需要靠學習而來的美，也比所謂天賦的「完美」更可貴、眞實得多了。

從前有一位滿臉愁容的老人，七十歲了還沒有結婚，到處旅行流浪，似乎在尋找什麼。某天，這位老人來到一個城鎮，到處探聽查訪，一位好奇的人便主動問他在找什麼。

老人說：「我在找一個完美的女人。」

那人覺得很奇怪，於是問道：「完美的女人？要做什麼？」

老人答道：「找到完美的女人之後，我想要娶她為妻！」

那人又問：「那你找了多久？」

老人回答：「從我二十歲開始，就不斷尋找這樣的女人，直到現在。」

那人很驚訝地說：「你四處旅行，找了那麼多年，難到從來沒有找到一個完美的女人嗎？」

老人點點頭，答道：「有的，我碰到過一個，那是僅有的一個，眞是一個完美的女人！」

那人便反問：「那你為什麼不娶她呢？」

老人無奈地說：「因為，她也正在尋找一個完美的男人！」

可以想見，這位「尋找完美女人的男人」，本身並不是多完美的男人，否則的話，完美的女人爲什麼不要他呢？

很多時候，先看看自己之後再要求別人，也還不遲。就像在諸多「幻想」林志玲的男性之中，有幾個擁有林志玲的身高、學歷與條件？

想想，若是以武大郎條件，卻執意想娶潘金蓮那樣的女子，那人生當中的挫折與不幸、追求不到的痛苦，以及追求到之後的提心吊膽，恐怕都會比其他人更多上一大截吧！

我們是人不是神，既然是人，就一定存在屬於人的缺點。我們要做的不是互相數落、算計究竟你的缺點多還是我的缺點多，而應是互相理解、互相包容，欣賞彼此在這些缺陷之外的更多長處，你說是嗎？

譏諷只會讓人更容易退縮

沒有人喜歡被別人潑冷水，因而我們也要用相同的標準要求自己，學著少點譏諷，並盡量成為懂得適時遞上熱毛巾的人。

一個成功的人，往往有著無比堅強的心境；一個失敗的人，則容易困在煩惱的框框裡作繭自縛。

每個人，一生當中一定要努力避開一種人，就是那種時常潑你冷水的人；也一定要記得感謝一種人，就是那種不時爲你聲援、爲你鼓勵的人。

有個媽媽在廚房洗碗，聽到小孩在後院蹦蹦跳跳玩耍的聲音，便對他喊道：「你在幹嘛？」

小孩回答：「我要跳到月球上！」

出乎意料之外，這位母親並沒有潑小孩冷水，罵他「小孩子不要胡說」或「趕快進來洗乾淨」之類的話。

她只是告訴他：「好，不要忘記回來喔！」

有這樣的媽媽，可以說是十分幸運的。因爲，孩子會知道，不論自己做什麼，媽媽都會給予支持，不會用「現實」當做沉重的鎖鏈，一意要把他拉回地球的表面。

爸媽是怎麼樣的人，或許沒得選擇，不過在自己能夠選擇的範圍裡，我們依舊可以盡量試著給自己多一點「騰空飛翔」的力量與夢想。

人際關係大師卡內基的太太就曾經說過：「老是對丈夫說：『你無論如何都

不會成功』，只會使這句話更快實現而已。」

這話說得一點也沒錯。只會用「別再做夢了」取笑對方，潑對方冷水，只會將最親密的人往失敗的路上推去。

偏偏，很多人就是忍不住一面這樣對待對方，一面在對方失敗之後跟他說：「看吧！我早就跟你說過了！」

要知道，沒有人喜歡被別人潑冷水，因而，我們也要用相同的標準要求自己，不但要學著少點譏諷，還要盡量成爲懂得在適當時候遞上熱毛巾的人。

別忘了，一句「我相信你可以辦得到」，眞的能夠帶來力量和奇蹟。

PART 9.

讓陽光照進你的心窗

孩子可以毫無保留的付出，

他們的愛可以包容一切。

身為成人的我們反而應該向孩子學習

寬容地對待周遭的人事物。

既然是秘密，就要藏在心裡

「秘密」最大的機能就是「保護」，對自己也對他人。別逞一時的口舌之快，讓一個該入土的秘密成為另一個傷害。

在談論別人的秘密時，我們會有一種莫名的快感，但是當自己不爲人知的秘密被廣泛宣傳時，卻會氣得跳腳，連呼吸中都感覺到怒氣。可是，無論如何，秘密還是受到大家的歡迎。

在言論自由氾濫的社會，打開電視，甚至隔著一張報紙，就能盡情窺探別人的私密，飯後茶餘之際津津樂道著。說著別人的秘密，是否就代表話題不會繞到自己身上，是自我保護的一種方法呢？

如果是的話，是否也意味著，任何「秘密」具有一定程度的殺傷力？

一對夫婦到某處風景名勝旅遊，妻子對丈夫說：「這個地方我來過，而且留下很深的印象。」丈夫點著頭說：「我也是。」

當他們走累了，坐在樹下休息時，聊起了對此地的回憶。

「我小的時候非常頑皮。七、八歲時，父母帶我到這裡遊玩。在山裡我看到了一隻像火花一樣漂亮的黃鸝在林中飛翔，我忍不住拿出彈弓往鳥兒一射，雖然打中了，可是牠仍掙扎著往山坡下飛去。」

丈夫說完後，妻子若有所思，問清當時的詳細時間、地點。

幾個月後，妻子的舅舅前來拜訪，順便在當地走走。妻子告訴丈夫：「別讓舅舅累著了，他的一條腿是假的，而且一隻眼睛看不見。」

丈夫和舅舅聊天時，問起他是如何受傷的，舅舅不在意地揮個手：「只是個小事，不值得一提……」

夜晚夫妻倆獨處時，妻子對丈夫說：「因爲舅舅的殘疾，讓他無法很順利工作。謝謝你不計較我每個月都寄些錢給他。」

丈夫握著妻子的手，微笑的說：「我相信妳這麼做，一定有自己的道理，妳不用擔心這個。」

幾日過後，舅舅臨走前，妻子對他說：「舅舅，若你知道當年害你受傷的人是誰，你會怎麼做呢？」

原來，那時舅舅爲了救一隻被彈弓打傷的小鳥，不小心跌入山谷，還好被樹枝卡住才保住一命，只是腿斷了，眼睛也被樹枝戳瞎，而打傷那隻鳥的人就是自己的丈夫。

舅舅聽完笑了笑說著：「那個孩子那麼聰明，小時候一定很淘氣……」

妻子告訴舅舅，想告訴丈夫這件事。舅舅馬上臉色一變，嚴肅地告訴外甥女：「答應舅舅，無論如何都不能將這件事說出去。過去的事情都已過去，也無法再改變了，何必讓他心裡有愧疚感呢？」

這時候，快遞送來一盒物品，裡面裝的是一個義肢。舅舅一看就知道這個價

值不菲，不禁嘆了一口氣說：「我就知道這個孩子很有心，那時一直在觀察我的腿，就是為了……」

舅舅坐上車前再次叮嚀了自己的外甥女：「記住，有些秘密永遠都不必說出口。」妻子點點頭答應了。

「秘密」之所以稱為「秘密」，用一層又一層複雜的方式包裝起來，無疑是為了避免被一眼識破。

但是，「秘密」卻又如此沉重，讓人背上了就想分攤出去。

並非每個秘密都能無關緊要的一笑置之，或隨著時間煙消雲散。一個狀似輕鬆的事實，都有可能帶來一輩子都抹不去的傷痕，尤其當事實已經無法改變時，多一個人知道，只會徒增困擾與負擔。

「秘密」最大的機能就是「保護」，對自己也對他人。因此，別逞一時的口舌之快，讓一個該入土的秘密成為另一個傷害。

別讓金錢蒙蔽自己的心眼

用寬闊的眼光看待金錢，行事就會更加圓融，不致於動輒為了金錢和別人產生齟齬和衝突。

財富不屬於擁有它的人，只屬於會使用、享受它的人。儘管錢財可以買到所有物質方面的東西，卻買不到內心的平和、安靜與快樂。

有些人每天爲了多賺一點錢，心情隨著股市的漲跌而起伏；或者前人留下大筆遺產，之後就活在手足爭奪財產的日子中；再不然就是，不用爲了錢財而擔心，但是心靈卻感到孤獨。

諷刺的是，這些人卻是很多人羨慕的對象，因爲大家相信，有錢能使鬼推磨，

可以大搖大擺走在路上，可以舒舒服服過生活。

有一個非常富有的人，生活過得非常舒適，什麼都不缺，可是卻不快樂。他花了一大筆錢買了很多特別的東西，過沒多久就感到厭煩。他舉辦了一場又一場的舞會，邀請許多人來共襄盛舉，但曲終人散時，反而更孤獨。他到處去旅行，還是沒有找到快樂。

有一天，他開著名貴跑車，漫無目的到處閒晃。開過大街小巷，走過五光十色的街道，找不到一個想要休息的地方。就這樣不知不覺中往郊區駛去，經過幾片綠油油的田野後，他看到一間小小的教堂莊嚴的肅立著。

他停下車，走進了教堂，愁眉苦臉望著十字架上的耶穌。

這時，一位牧師走了過來，富有的人就問他：「該怎樣才能找到快樂呢？雖然我很有錢，什麼東西都買得到，可是我根本不知道該怎樣去用這些錢，它不能帶給我幸福和快樂。」

牧師聽完他的話，微笑著領他走到窗邊，問他：「你看到了什麼？」

富有的人說：「我看到綠色的山林、飛翔的鳥兒，感覺很舒服。」

牧師接著帶他走到鏡子前，再問他看到了什麼。富有的人望著鏡子，皺著眉說：「我看到了憂愁的自己。」

牧師語重心長對他說：「窗戶和鏡子都是玻璃做的，不同之處在於，鏡子上鍍了一層水銀，而玻璃沒有。單純的玻璃讓你看到這個美麗的世界，沒有什麼遮住你的視線。而鍍上水銀的玻璃只能讓你看到了自己。水銀就像金錢，是金錢覆蓋了你的雙眼，蒙住你的心靈。你雖然守著許多財富，卻也守著封閉的自己，看不到這個世界。」

富有的人聽完後，頓時心情開朗，感受到前所未有的舒暢。從此之後，他不再到處尋找快樂，轉而將所有的心力用來幫助窮困的人，不僅得到了人們感激的祝福，也得到心靈的快樂。

年輕的時候，我們總覺得只要有錢，一切都無須煩惱，因此在金錢掛帥的社會裡付出青春，就爲了賺更多的錢。

等到歲月流逝，走過滄桑、看盡人生，我們才懂得有錢不等於快樂，快樂的人不一定有錢，甚至兩者之間毫無從屬關係。

什麼東西是錢財買不到的？親情、健康、快樂、知識、青春、生命、和平、幸福，家庭……多到無法一一列舉。那麼，金錢眞的是萬能的嗎？

的確，錢財是基本的生存工具，少了它萬萬不能，但是擁有它，就要學會善加利用。你擁有金錢，並不是拿錢來裝飾自己，而是用它成爲心靈的糧食。多學、多看，最重要的是，不要被它奴役，要當金錢的主人。

用寬闊的眼光看待金錢，行事就會更加圓融，不致於動輒爲了金錢和別人產生齟齬和衝突。錢財多或少都沒關係，只要夠用就好，在能力範圍內，也不忘記幫助需要的人。

讓陽光照進你的心窗

孩子可以毫無保留的付出，他們的愛可以包容一切。身為成人的我們反而應該向孩子學習寬容地對待周遭的人事物。

你是否曾感覺到，幼小的生命總教人特別憐惜？

就像剛出生的小嬰兒，看起來是那麼單純，那麼需要保護，當他們伸出小手臂，嘴裡發出嗚哇的聲音時，總會讓人忍不住想抱起他們。他們的雙眼似乎在說著：「愛我吧！我需要你的照顧。」

隨著年齡增長，我們漸漸學會偽裝自己，製造一個自給自足、不需要他人照顧、不是弱者的假象，而內心卻呼喊著：「我好寂寞，好害怕！我想找個可以傾聽我說話的人，我需要人來愛我。」

自從愛莎的爺爺過世後，奶奶就像換了一個人，不僅失去了笑容，還整天穿著黑衣服，不發一語將自己關在陰暗的房間裡。有時候，愛莎跑到奶奶的房間嬉戲，奶奶還會不高興瞪著她，就像受到打擾似的。厚重的窗簾遮蔽陽光，整個房間瀰漫著一股怪味。

日子一天天過去，奶奶也悶病了，脾氣變得更加古怪。

有一天，爸爸要愛莎把一盆花送到奶奶房裡。愛莎有點擔心地問：「奶奶會喜歡花嗎？」

爸爸告訴愛莎：「陽光進不去奶奶的房間，但是這花上面有陽光。只要有陽光，奶奶病就會好了。」

愛莎把花抱到奶奶的房間，奶奶一看到花，聞了聞香氣，露出了笑容。愛莎一看好開心，心想著，奶奶眞的需要陽光。於是，她跑到院子裡搬了更多盆栽，裡裡外外跑來跑去，把小花小草放進奶奶的房間。

院子裡能搬的花草都搬完了，愛莎還是覺得不夠，環顧四周時，發現一抹陽光照在她的裙子上。

愛莎靈機一動，心想如果可以把陽光直接送進奶奶的房間不是更好嗎？她跑到陽光下，攤開自己的裙子照了好久好久，接著用雙手緊緊把裙子裹了起來，往奶奶的房間跑去。

一進房門，愛莎就開心叫著：「奶奶！奶奶！我把陽光送進來給妳了。」

愛莎小心翼翼地攤開裙子，想讓奶奶看上面的陽光。但裙子攤開時，上面一點光也沒有，愛莎忍不住哭了出來。

奶奶伸出虛弱的雙手抱著愛莎，慈祥地告訴她：「傻孩子！陽光已經從妳的雙眼透出來了。」她摸摸愛莎的臉，幫她擦掉眼淚。「陽光在妳金黃色的頭髮裡閃耀著。有妳在我身邊陪著我，我就不需要陽光了。」

雖然愛莎不懂自己的眼睛和頭髮裡為什麼會有陽光，但是她很希望奶奶能趕快好起來，所以，她天天都站在太陽下曬得暖烘烘，再跑到奶奶房裡陪她，奶奶

的身體也開始日漸好轉。

孩子有時候是一面自我省思的鏡子，我們可以從鏡中看到自己刻薄的嘴臉，進而體會到寬容的重要性。

孩子比成年人更懂得歡笑，他們的快樂是自然的，他們的包容心非常的大，對任何事都沒有成見。

孩子不會計較你是貧窮還是富有，不介意你是白人、黑人，還是黃種人。他們接納一切，直到大人教他們停止接納爲止。

孩子可以毫無保留的付出，他們的愛可以包容一切。身爲成人的我們反而應該向孩子學習「包容」，學習「關懷」，學習正視自己的情感渴望，學習寬容地對待周遭的人事物。

何必為了面子而打腫臉充胖子

適當的虛榮心可以激勵一個人進步，但是過度的虛榮只會曝露身上的弱點、失去自我，汲汲營營追求表象。

在現代的社會裡，名牌成爲一種身分、地位、金錢的代表，因此常常可以聽到有許多人縮衣節食，生活過得很拮据，就爲了把名牌穿在身上、帶在身邊。這樣的人忘卻了所謂的「名牌」，代表的只是一種品質的保證，這種努力也只不過是虛榮心作祟而已！

虛榮心之所以會產生，是源於自信的缺乏，因爲自卑，所以必須利用許多的外加之物來妝點自己，光鮮的外表下，卻只是個空蕩的軀殼。

最可悲的是自欺欺人，為了讓自己「有面子」而打腫臉充胖子，還得圓一個又一個的謊言。

從艾倫懂事開始，每天飯後父親都會拿起珍愛的金色小提琴，拉一曲美妙的《愛的女神》，母親也會抱著艾倫，輕輕地配合父親的節奏唱歌，一切都顯得那麼的美好……

然而艾倫七歲那年，母親因為肺病過世，父親所屬的樂團也因資金周轉不靈而倒閉，全家人的生活陷入了困境。父親常常在夜深人靜時，默默一人在房裡擦拭著金色小提琴。

十八歲那年，艾倫考取了劍橋大學，在一次舞會上，認識了一個漂亮的女孩子蒂娜。蒂娜的父親是倫敦一家知名企業的負責人，當艾倫告訴她自己的外曾祖母是歐洲王室的公主時，對皇室頗為嚮往的蒂娜開始幻想著充滿王冠、鑽石，宴會的貴族生活。或許是虛榮心，或許是自卑心理，艾倫一直不敢讓蒂娜知道自己的家庭狀況。

當艾倫向父親提及由於戀愛開銷變大，必須多打幾份工，父親馬上來信說自己最近升職加薪，可以給艾倫多一點生活費，要他別累著了自己。

暑假期間，蒂娜邀請艾倫到她位於倫敦的家，那是棟金碧輝煌的別墅。當蒂娜向父親提及艾倫的家室時，她的父親露出懷疑的眼神說：「如果你能讓我女兒過同樣富足的生活，或許改天我可以請你父親吃個飯。」

艾倫一聽，心沉了下來。突然，他想起父親那把金色小提琴，那是母親捨棄上流社會追隨父親時的唯一嫁妝，是一件價值不菲的古董，如果能賣了它，說不定能得到一大筆錢，進入上流社會。

艾倫瞞著父親和買主談妥價錢後，父親出現了。他什麼也沒多說，只問買主何時會把小提琴取走。得知是第二天下午後，父親沉默地走回房間。看著父親失落的背影，艾倫心中感到一絲苦澀。

當天晚上艾倫去參加蒂娜家舉辦的宴會，大家都用羨慕的眼光看著這對金童玉女。一曲舞畢，司儀向大家介紹道：「剛剛的演奏者是敏斯特先生，他在我們

酒店工作了四年，每晚為大家帶來優雅琴聲。明天他就要離開了，今晚是他最後一次演奏，接下來這首是他最喜歡的歌曲〈愛的女神〉。」

當燈光照在演奏者身上時，艾倫忍不住哭了起來。他終於明白，父親為了供應他上大學，白天工作結束後，晚上還到酒店演奏。

艾倫在演奏完畢後，衝上前抱住父親，並告訴大家實情，以及父親對自己的付出。那天晚上，艾倫扶著年邁的父親，身上背著金色小提琴，昂首闊步走出飯店。他感激地對父親說：「爸，這把小提琴我會永遠替您保存。」

講求門當戶對，是幾千年來不變的定律，只是時空環境的差別而已，艾倫的情況在現今的社會裡也不斷上演著。

為什麼會有一種說法指稱沒錢不能談戀愛？這是因為戀愛中的男女都希望能讓對方看到自己最好的一面，或多或少會包裝自己。這是必然的，但為了崇拜的眼光而過度吹噓，就不是好現象。

一個人的價值不取決於身外之物，重要的是本身散發的內涵。艾倫有一個寬容且充滿父愛的爸爸，能體諒艾倫面對上流社會的光環而迷失了自己的心，最後終於讓艾倫及時醒悟，再度看清自己。

每一個人多多少少會有一點虛榮心，或重或輕的差別而已。每個人都希望被重視、被認可，因爲這是一種成功的象徵。

適當的虛榮心可以激勵一個人進步，但是過度的虛榮只會曝露身上的弱點、失去自我，汲汲營營追求表象。

虛榮心未必是壞事，只要改善它，穩定自己的心智，將它導向好的一面，就能成爲一種助力。

用寬容的心對待別人

人與人之間最欠缺的就是寬容，只要具備寬容的心，就會充滿希望，試著「用寬容的心情，面對惱人的事情」，不要對生活失去信心。

有句話是這樣說的：「不管一切如何，你仍要平靜和愉快。生活就是這樣，我們必須勇敢、無畏，帶著笑容面對生活。」

每一個時代，都會有一群憤世嫉俗的人，痛恨社會的不公、人性的險惡，對生活失去了希望。在他們的眼裡，看到的萬事萬物都蒙上一層灰，因此日子過得不快樂。

不能否認的，我們的身邊時時刻刻發生著令人難以想像、殘酷、痛心的事情，說明這個社會病了，人心也病了。

爲非作歹的人固然令人痛惡，但是，眼睜睜看著事情發生，卻不肯伸出援手的人更教人痛心。

保護自己當然重要，但是一顆冷漠的心才是社會混亂的開始。

《安徒生童話故事集》中有篇名爲〈一滴水〉的故事。

從前，有一個叫做克里布勒的老頭子，希望幫每一個東西找出最能發揮功用的方法，可是不管怎麼嘗試都會失敗。

有一天，他找來一個放大鏡，並且從水溝裡抽出一滴水來，想要研究這滴水有什麼特別之處。當他把放大鏡往水滴一照，發現裡面出現一幅驚人的景象，無數的小生物亂成一片，亂爬、亂叫、亂咬。

它們不斷跳躍、彼此撕扯，而且互相吞食。

老克里布勒被這個景象愣住了，心裡想著：「要怎樣才能讓它們和平共處，

讓生活變得平靜，不要爭吵個不休呢？」

他左思右想，想破了頭就是找不出方法來，最後決定使用魔法。

他找來巫婆的血，每滴價值兩個銀幣的血，就像紅酒一樣。這種血有魔法的作用，可以讓那些生物像人一樣，有形體、會說話。當鮮紅的血滴在小生物身上時，就像變魔術般，慢慢的，許多粉紅色的人形一個個出現。

克里布勒再度拿起放大鏡，往那滴水中看去，看到了一大群沒有穿衣服的人在裡面跑來跑去，多得像一座城市般。但，更恐怖的是，那群人互相殘殺，我咬你、你咬我；這個掐那個的脖子、那個打這個的頭。他們打成一團，上面的壓著下面，下面的想鑽到上面來。

「大家快看啊！那個人的身上長了一顆瘤。」一個小人兒這樣喊著。

聽到呼聲，一群人跑過來，從長瘤的小人兒身上砍下瘤來。被砍的小人兒很痛，因此大家就把他砍死，順便吃掉了。

這時，旁邊坐著一個小女孩，一聲不響看著大家。她只希望和平與安靜，不想像大家一樣互相攻擊。可是，那群人不讓小女孩繼續坐著，就把她拖出來，打她、罵她，最後把她吃掉了。

克里布勒看著這些荒謬的事情說：「這根本就是世界的縮影。」

這只是一滴溝裡抽出來的水，在「一滴水」的世界裡，所有的一切讓人對生命失去了信心，如果把它當成世界的縮影，那麼我們這個地球早就毀滅了。可是，地球仍然存在著，那是因爲還有很多人對生命抱著希望。

雖然對生活總是會有不滿之處，但是對生命抱著希望的人會用寬容的心胸，儘量往好的一面觀看。

如果上帝只看到人類險惡的一面，或許會選擇把世界毀滅，重新開始。但是祂沒有，因爲祂知道，在社會的每一個角落裡，還是有愛和關懷。

人與人之間最欠缺的就是寬容，只要具備寬容的心，就會對生命充滿希望。每天給自己一個希望，試著「用寬容的心情，面對惱人的事情」，不要對生活失去信心；只要抱著希望，生命就不會枯竭。

眼睛看到的不一定是事實

我們往往只看見事情的結果，未去求證過程的對錯，就下了直覺判斷，這些自認為是真相的事實，卻會帶來更大的傷害和誤會。

達文西曾經說過：「眼睛是會騙人的。」

太過於相信眼睛，衝動與後悔就會相伴而來，當釐清眞相時，事情早已無法改變，甚至留下無可彌補的傷害。

這些錯誤的發生，往往源自於憤怒下的判斷。我們總是相信呈現在眼前的表象，不去思考隱藏在事件背後的另一面。

因此，憤怒的時候，一定要提醒自己小心求證眼前所看到的事物，別讓衝動造成一時的後悔。

有位長工工作了二十年後，向主人辭行。臨走前，主人對他說：「我給你兩個選擇。第一個，是拿走你這些年來的工資，總共三塊金幣；另一個是我送給你三個忠告。」

長工想了想，選擇了後者。

主人於是告訴他三句話：一是等待可以看出一個人的本質，二是不要對事情過於好奇，三是眼前所見的不代表事實。

主人說完三句話後，又拿了兩個麵包給長工，並告訴他：「一個麵包給你路上吃，另一個麵包請你和家人一起分享，千萬不要把它送給別人。」

長工帶著主人給的兩塊麵包，背著簡單的行李就往家鄉的方向前進了。路途崎嶇難行，加上炎熱的天氣，讓長工汗流浹背、悶熱難耐，就在一棵大樹下躺下來休息。

當他恢復體力準備再度出發時，一個男人出現了，對長工表示自己也正要趕路回家，希望跟他一起結伴同行。長工想到了主人給的第一個忠告，就請那個男人等他解個手再上路。

長工故意拖了很久，才回到樹下。當他回來時，男人已經離開了。原來，那個男人是個殺人不眨眼的強盜，想趁走進人煙稀少的地方時殺掉長工，搶走他身上的東西。

到了傍晚，長工走進一個小鄉村，找了間客棧住了下來。他吃完主人給的麵包後就早早上床休息了，睡到了半夜，突然聽見外面傳來很奇怪的叫聲。他想起主人的第二個忠告，忍住了好奇心，並未出去探看。

第二天早晨，客棧老闆很好奇地問他：「爲什麼你昨晚聽到怪聲，卻沒有出來看看發生了什麼事呢？」

原來，這家客棧的老闆有一個瘋兒子，常常在半夜發出怪叫聲，吸引旅客出來察看，並利用這個機會殺死旅客，很多客人都因爲這樣而喪命。

長工離開了客棧，繼續馬不停蹄趕路，到了傍晚，終於到了家門口。正當他高興地想走進去時，突然看見窗戶上映出了一對淡淡的影子，一個男子正將頭趴在他妻子的腿上。

長工見了，頓時憤怒得想將妻子和男子殺掉！這時，他又想起主人給的第三個忠告，於是忍了下來，走進家門，準備向妻子問清楚再離開。

妻子一見他進門，高興得衝上前擁住他。正當長工摸不著頭緒時，才發現屋內的年輕男子與自己有著相似的臉孔。原來他是長工離家後，妻子來不及告訴他而生下來的兒子。

長工很高興自己並未鑄下大錯，並與妻子、兒子一起分享主人給的第三塊麵包。撕開麵包時，有三塊金幣藏在裡面。

在主人的忠告下，長工平安回到家中，並和家人共享天倫之樂。然而，忠告只是一種提醒，若是長工無法等待，無法克制自己的好奇心與一時的衝動，都有可能惹上殺身之禍，甚至造成終身的遺憾。

有些事雖然是我們「親眼所見」，卻不代表百分百的眞實。就如長工眞的看見了妻子與男子的親暱動作，卻不知道那個男子是自己的親生兒子。

前陣子新聞報導，一對B型和O型的父母生出了AB型的小孩，父親憤怒地認爲妻子對自己不忠，在高科技的檢驗下發現，原來父親的血型，是罕見的隱性A型，因此才會生下AB型的孩子。還好，這個誤會還來得及補救，不過也多多少少在妻子的心中留下了陰影。

我們往往只看見事情的結果，而未去求證過程的對錯，就下了直覺的判斷，這些自認爲是眞相的事實，卻會帶來更大的傷害和誤會。

珍惜身邊的每個相遇

你永遠料不到，單純的善意可以帶給別人多大的快樂。善緣的意義不僅僅是物質上的獲得，那份價值是千金難買的。

生命中最美麗的報償之一便是幫助他人的同時，也幫助了自己。

佛家說，百年修得同船渡。在茫茫人海中，能夠彼此相逢、相識、相交、相知、相親、相愛，是何等珍貴！

人與人之間的交往都是一種緣分。只要以「善意」爲出發點，不管結果是好是壞，是對是錯，至少是所有傷害中，最可以原諒的一種。要相信緣起、緣滅，不管是付出或接受，都是一種圓滿。

一個來自中國內地的女孩娜姆，隻身前往美國求學。因爲經費有限，生活過得很拮据，白天在學校學習音樂、加強語言能力，晚上則在一家小餐館打工。

有一天晚上，一位衣衫襤褸、神情悽愴的老人爲了躲避外面的狂風暴雨而走進了餐館。所有的人看他一副寒酸模樣都露出嫌惡神情，有人甚至想把他趕出去。娜姆看見老人無助的神情，不禁起了惻隱之心，她知道，很多年長者內心都是很孤獨的。

於是，她走上前招呼那位老人家，搬了一張椅子請他坐下來休息，還自掏腰包爲他點了一杯飲料。怕老人家覺得無聊，娜姆還唱了一首中國民謠給老人解悶，並請他有空就來參加中國學生的聚會。

老人家因爲娜姆的用心而露出笑容，卻也忍不住紅了眼眶。

兩個月過後，娜姆收到老人寄來的一份包裹，裡面裝著一封信、一串鑰匙和一張巨額支票。

娜姆驚訝的打開信，裡面寫著：

「親愛的娜姆，我年輕時曾經收養了三個越南孤兒，因為他們，我終生未娶。在我辛辛苦苦教育他們長大成人後，他們卻拋棄了我這個養父，一個個離去，再也沒有回來過。退休之前，我在一間公司擔任工程師，收入很豐厚。可是，這些身外之物對於我這個即將入土的老人而言，是沒有意義的。我需要的是親人的溫暖和朋友的關懷。親愛的娜姆，只有妳給了我金錢買不到的溫暖。我決定回到家鄉度過晚年，我一生的積蓄和房子就留給妳了。希望能一圓妳的音樂夢。」

深受感動的娜姆為了不辜負老人的心意，努力的學習。幾年後，她製作了一張風靡全球的中國民俗音樂專輯，甜美的歌聲也傳遍各地。

置身商業社會裡，人與人之間的關係日漸疏離，加上人口結構逐漸趨向高齡化，很多關於退休後的生活問題一一浮出檯面。現在的老人家怕的不是日子過不

下去，而是沒人關懷的寂寞。

許多「有緣」人，因爲時間、空間的阻隔，緣分由濃轉淡，終至消散；更多的「有緣」人，將對方的存在和付出視爲理所當然而不知珍惜，等到失去了這段緣分，才驚覺爲時已晚。

你永遠料想不到，單純的善意可以帶給別人多大的快樂！

娜姆所結的善緣，意義不僅僅是物質上的獲得，最重要的，她溫暖了孤獨的心，那份價值是千金難買的。

對老人家來說，娜姆的行爲是一種慰藉，然而他的感動與回報卻成了娜姆更積極面對生活的動力。

要寬容，不要偷走孩子的夢

夢想是一種希望與抱負，而不是不著邊際的空想。別忘了，人類因夢想而偉大，最重要的，是要「築夢踏實」。

夢想是人類特有的天賦，因爲這種能力，人們會去追求更好的生活與幸福。就如同想像力是科學的觸鬚，科學家運用想像力探索未知的事物，他們大膽假設，且小心求證，爲生活帶來許多便利之處。

愛爾蘭詩人葉慈曾說：「夢想，是責任的開始。」

孩子有顆純潔的心，對所有的事物充滿想像空間與希望，面對充滿夢想的一群，我們應該加以包容，何必急於讓他們認清現實呢？只有當這些年輕的生命有

愛有夢時，這個世界才會更加繽紛亮麗。

美國猶他州有一位中學老師，在一次課堂上給學生出了一道作業，要學生寫出自己未來的夢想。

一個名叫羅伯的學生聽完了老師指派的作業後，高高興興離開教室。當天晚上，羅伯用了整整七大張的紙，詳細描繪自己的夢想。

他畫了一份佔地約兩百英畝的牧馬場草稿圖，裡面有馴馬場、跑道、馬廄和牧草種植處，另外還有房屋建築平面設計和室內裝潢圖。他一直忙到了大半夜，才將作業完成。

隔天，羅伯開心的將作業交了出去。但是作業發回來的時候，羅伯的作業上被評了一個大大的F，羅伯感到難過與不解。

下課時，羅伯決定前去找老師詢問到底哪裡出了問題。

老師看著眼前這個充滿幻想的孩子，認眞地告訴他：「羅伯，我知道你這份作業寫得很認眞，內容也很棒，但是你必須認清事實。要知道，你的父親只是一個馴馬師，而且你們沒有固定的居所，還常常搬家。一個牧馬場的建立需要花很多資金，你有辦法賺那麼多錢嗎？如果你願意重寫一份作業，找一個確實一點的目標，我可以重新打分數。」

羅伯拿回作業，失落地走到父親工作的地點。父親聽完羅伯的敘述後，放下手上的馬刷，摸摸羅伯的頭告訴他：「孩子，這件事你必須自己做決定。你覺得怎樣做是對的，就放手去做吧！」

羅伯一直小心翼翼保存這份作業，雖然上面大大的F非常刺眼，但還是他從不放棄自己的夢想。

他常常看著這份作業，藉此激勵自己不斷努力。幾年後，羅伯終於如願以償擁有了自己的牧馬場，就像當年作業中的藍圖那樣。

當老師受羅伯之邀，帶著三十名學生進入佔地兩百英畝的牧馬場時，忍不住流下了眼淚。他告訴羅伯：「羅伯，我現在才意識到，身爲老師的我，就像一個小偷，以自己的觀念偷走了很多孩子的夢想。但是，你並沒有因此感到挫敗，因

爲你的堅韌與勇敢，才會擁有今天的非凡成就。」

擔心孩子多走冤枉路，抑或自認已經將人生看透，許多成年人會有意無意的否定他們認爲「不切實際的想法」，連帶著強迫幼小的心靈必須快快長大，認識所謂的「現實面」。

用自己的實際看法，扼殺了孩子的幻想空間，無異於忘記年輕的自己也曾有過幻想。成長的過程中，一旦經歷了許多挫折與失敗，孩子們或許會慢慢地將築夢的熱情消磨殆盡。但這段路走來不論成敗，不論如何艱辛，曾經爲夢想而努力的快樂都是無可取代的。況且不去嘗試，怎知不會成功？

夢想是一種希望與抱負，而不是不著邊際的空想。我們該做的是保護孩子的夢想，讓他們展開夢想之翼，並學習孩子爲夢想努力的精神；別忘了，人類因夢想而偉大，最重要的，是要「築夢踏實」。

PART 10.

要有寬容別人的心胸

為別人付出的同時，

自己也得到收穫。

讓自己多一點熱心、一點關懷，

世界將會更圓融、更美好。

要有寬容別人的心胸

為別人付出的同時，自己也得到收穫。讓自己多一點熱心、一點關懷，世界將會更圓融、更美好。

偉人、藝術家、科學家……之所以會成爲名人，通常都有他們的過人之處。有時你會發現，他們的脾氣都怪怪的，甚至不太好相處。正因爲如此，很多人在成名前，常常是被衆人唾棄、看不起的。

這時候，就需要一位伯樂，才能發現千里馬。那麼，伯樂又該具備哪些特質呢？除了識人的眼光，更要有寬厚且包容的心胸，才能網羅人才，並且讓他們心甘情願爲自己付出。

十六世紀，德國的天文學家克卜勒尚未成名時，曾經寫過一本關於天體運行的小冊子，被當時頗負盛名的丹麥天文學家第谷看見了，發現他是一個不可多得的人才。因此，在百忙之中，第谷特地抽空邀請從未謀面的克卜勒前赴布拉格，與自己共同研究天文學。

得到消息的克卜勒高興得不得了，馬上整理行李，安置好家園，就帶著妻子和女兒連夜趕往布拉格。

沒想到才剛走到半路，克卜勒因爲水土不服病倒了。爲了治病，加上旅程的延遲，克卜勒身上的錢就這樣花光了，全家人陷入困境，無法繼續前進。因此，克卜勒只好寫信給第谷，請求他援助。第谷一收到信，馬上將旅費寄給克卜勒，克卜勒一家才有辦法順利來到布拉格。

到了布拉格後，第谷幫忙安頓克卜勒一家人。但是，由於旅途的勞累，加上溝通不良，克卜勒的妻子和第谷之間產生了誤會，鬧得非常不愉快。後來，又因國王沒有馬上接見克卜勒，克卜勒便將這些事全怪在第谷身上，認定是第谷沒有將事情安排好，讓他白跑一趟。在情緒不穩的情況下，克卜勒寫了一封信沒頭沒腦的信亂罵第谷一頓，然後不告而別。

第谷本身是個脾氣非常不好的人，稍微一點小事都能讓他暴跳如雷。但是，接到克卜勒的信，第谷竟然出奇冷靜，連一句責罵的話也沒說。

因爲，第谷太喜歡這個年輕人了，認爲克卜勒非常有才華，日後必定會有一番驚人的發展。因此，第谷再次晉見國王，大力推薦克卜勒，並且叫秘書寫一封信給克卜勒。信中說明他和國王都非常歡迎克卜勒，希望他能再次前往，並在信中附上旅費。

克卜勒被第谷寬大的心胸感動，慚愧的二度來到布拉格。

誰知兩人合作不久後，第谷就身患重病，臨終前，第谷將自己多年來觀察星辰科學的心血，全都留給了克卜勒。後來，克卜勒利用這些資料，整理出著名的《路德福天文表》。

人不能只活在自己的世界中，一味以自己的眼光看待別人，而要懂得適時調整，用寬容的心情面對那些惱人的事情。

如果第谷因爲克卜勒不識好歹的無理舉動而大怒，不僅僅失去一個人才，還無法讓自己的研究傳承下去。對克卜勒而言只是喪失寶貴機會，但對天文界來說，卻是人類科學文明的一大損失。

在衡量事情時，不要只顧自己的立場。現代的人習慣自掃門前雪，反正事不關己，幹嘛多管閒事！殊不知，這種事不關己的心態，會造成環境一點一滴改變，到頭來，還是會影響自己。

其實，爲別人付出的同時，自己也會得到收穫。讓自己多一點熱心、一點關懷，世界將會更圓融、更美好。

不要輕易否定別人

在否定別人之前先檢討自己，並且找出一個雙方可以接受的方式來告知對方的錯誤，讓他保有自尊，才能達到自己所要的目的。

華人含蓄內斂的個性，通常不太會把鼓勵、關愛的言語說出來。但是，若要批評事情、指責他人，所有尖酸刻薄、極盡難聽的言語，卻都能毫不吝嗇說出口。

批評和指責，說好一聽點，是刺激別人向上，逼他進步；不管是在工作場合中的上司對下屬、家庭中父母管教子女，或者老師教育學生等，我們都可以見到這種景況。

並非每一個人都能用激將法，這樣的方法有時會造成反效果，可能讓人一蹶不振或者惱羞成怒。

但是，也不能一個人明明做錯了，還告訴他做得很好，這樣是不會有進步的。那麼，怎樣做才是最好的方法呢？

松下幸之助擁有日本企業經營之神的稱號，雖然他以罵人出了名，但也以最會栽培人才而備受肯定。

有一次，松下幸之助來到一家餐廳，同行的六人都點了牛排。大家吃完主餐後，松下幸之助的盤中還剩下半塊牛排。

這時，松下幸之助突然要助理前去請烹飪牛排的主廚過來，還特別交代不要找經理，只要把主廚找來就可以了。同桌的人都起了一種不好的預感，心想待會的場面可能會很尷尬。

主廚一聽到重要的客人要自己前去，緊張得一顆心跳上跳下。他不安地走到桌邊，問松下：「請問，今天的餐點有什麼問題嗎？」

「烹飪牛排的技術對你而言已經不成問題，」松下微笑說著：「但是我只能吃下一半。牛排很美味，並不是你的廚藝有問題，而是我已經老了，胃口不如從前，沒辦法吃那麼多。」

看著主廚和大家疑惑的臉，松下幸之助繼續微笑地說：「我會找你過來，是因爲我擔心你看到吃了一半的牛排送回廚房，心裡會難過，進而對自己的廚藝產生懷疑。」

大家聽完松下的話，都爲他的體諒與細心而感動不已。

還有一次，旗下的經理向松下幸之助請教，該如何去判斷一個人所做的決策到底對不對。

松下告訴他：「我每天需要做的決定很多，其中有一大部分是去評斷他人的決定。但是，實際上我所下的評語，只有百分之四十是我眞正認同的，剩下的百分之六十，都有所保留。換個角度說，也就是有百分之六十的決定，只讓我覺得

勉強還過得去而已。」

經理聽了這話覺得很訝異，因爲以松下幸之助的身分，如果他不同意的事，大可馬上否決掉。

松下笑了笑告訴經理：「沒有任何一個人喜歡被否定，對於那些你覺得過得去的計劃和決定，你不需要馬上拒絕。你可以在過程中指導他們，把事情導向你所要的方式。」

松下幸之助的待人之道，完全是源自寬容的心和眞誠的關懷。

很多人都只認同自己的看法和做法，因而動輒否定別人，但是，通常一件事並沒有絕對的對與錯。

很多時候你認爲錯的理由，只是出自於個人的偏見，或者表面上看起來不好，其實背後有它的好處存在。如果只是一味挑出缺點來否定對方，必然會喪失很多好機會。

松下幸之助的眼光是往遠處看的，公司想要有好的成績，不是只靠一個人的努力就夠了，而要發揮衆人的力量。要如何抓住人心又不流於放任，無疑需要很高的智慧。

很少有人能像松下幸之助這樣，要求的同時不忘了鼓勵，因爲人們習慣於看到別人錯誤的一面。就像松下幸之助叫助理請主廚前來時，大家心裡所想都是負面的，主廚要挨罵了。

在否定別人之前先檢討自己，並且找出一個雙方可以接受的方式來告知對方的錯誤，讓他保有自尊，才能達到自己所要的目的。

要信賴他人，也要保護自己

相信別人之前你得先保護好自己。但不需要做到疑神疑鬼、人人皆賊的地步，也不用因為上當過就對人性失去了信心。

近來詐騙集團層出不窮，即使受騙案例一再出現，大眾媒體再三宣導，還是有很多人上當。另一方面，媒體的大肆渲染，也不斷挑戰傳統的價值觀念，導致人跟人之間無法像過去那樣信任對方，因此很多人隔著一層又一層的防護衣來面對他人。

但也有一種傻子，秉著人性本善的信念，一次又一次驗證自己的看法。也許，你會說他傻，笑他笨，不懂得生存之道，只會讓社會生吞活剝。不，這樣的人既不笨，也不傻。這樣的人，只是心思單純的人。

信賴的代價是雙面的，選擇信任對方，你可能一無所有，也可能獲得心靈上無窮的收穫。

安迪是移民到紐西蘭的華人，因為剛移民，急需一台冰箱，就在二手市場花了八十塊紐幣買了一台。

可是，這台冰箱不僅笨重佔空間，耗電量大，還會發出馬達運轉的雜音，安迪一直希望有機會可以將冰箱換掉。

一台全新的冰箱最少要花上一兩千塊紐幣，在經濟考量下，安迪決定再找一台二手冰箱。於是，他寫下想要的冰箱大小、款式、價錢等要求，將廣告刊在當地專門提供商品買賣訊息的報紙上。

不久，他就接到了一通當地人打來的電話，得知賣主家有一台符合要求的冰箱，而且才用了三年多。當他詢問對方的住所時，發現離自己居住的地方有三十

公里遠，心裡有點猶豫。

但是，安迪知道，一台用不到四年的冰箱才賣三百塊，是非常划算的，加上對當地人的認識，他了解他們說話很實在，絕不會謊報使用時間。

安迪向對方提出他因爲距離問題，無法前去搬運的難處，賣主則表示他可以送貨上門。安迪覺得條件都符合他的需求，就答應這筆交易，並且放棄提前看貨的權利。

一般而言，大型貨品的買賣都必須先看貨再決定，避免收到貨品卻不滿意的尷尬場面。

確定安迪要購買後，賣主對安迪說：「對不起！我還需要用一段時間，大概一個月左右。不曉得您能否接受？」

原來，對方正在辦理移民美國的簽證，要等證件下來才會離開紐西蘭。因爲還有舊冰箱可以湊合著使用，安迪同意了。

一個月後，賣方打電話過來道歉，說簽證還沒下來，送貨時間必須往後延，並詢問安迪是否還要買他的冰箱。安迪回答：「沒關係，你慢慢等吧，等簽證辦好了再送來就好了。」

在等待的這段時間，有一位老先生打電話給安迪，說明他家有一台冰箱，問他要不要去看看。安迪過去看了，冰箱的確不錯，除了使用的時間長了點，只要紐幣兩百八十元。安迪覺得若他買了這個冰箱，於情於理，之前的賣主應該不會怪他才是。

但回到家中，安迪左思右想，認為既然已經先答應了別人，秉持著一份信賴，還是維持先前的交易比較好，於是他打電話婉拒了老先生的冰箱。

過了半年，就當安迪幾乎忘記這件事時，突然接到了一通電話，對方不好意思地開口問道：「您是否還要買我的冰箱呢？」

原來是之前的賣主，他已經拿到簽證了。雙方談完都很開心，於是說好隔天就把冰箱送過去。

第二天，賣主開著一台貨車，小心翼翼將冰箱送到安迪家，而且安裝過程都不要安迪幫忙。這是一台很棒的冰箱，不僅是流行的款式、無氟，漂亮的乳白色，各方面都比想像中還要好。

裝好了冰箱，賣主笑嘻嘻看著安迪，彷彿問著：「感覺不錯吧！」

安迪高興地付完錢，並想請他喝茶。但是，賣主表示自己還有其他事要忙，馬上就得離開。

臨走前，賣主如同變魔術般，從背後掏出一瓶葡萄酒，鄭重交到安迪手中，「這裡面裝的全是信賴。」

安迪拿著手中滿滿的信賴，不禁紅了眼眶……

在這一場交易中，安迪的信賴，是不完全，是有條件的。畢竟他還有一台冰箱，雖然不好，但是還能使用。

倘若迫在眉梢，他能耐心等待半年，甚至更久嗎？在買到冰箱前沒人可以保證不會有其他變數，要是簽證辦不到，賣方可能就不賣了！而且，安迪有過動搖的念頭，也曾考慮去買下其他的冰箱。

雖然這件事最後有個完美的結局，他以便宜的價錢買到很棒的冰箱，還得到

信賴所帶來的感動，但是，這也只能說，他是個幸運的贏家，在這場信任的賭局中運氣很好。

從小，我們就受到長輩的諄諄教誨：「防人之心不可無」。這句話在民風淳樸的古代就已存在，它並不是抹滅人性善良的一面，而是強調當你在與人相處應對時，必須要有更多理性的判斷。

相信別人之前，你得先保護好自己，但不需要做到疑神疑鬼、人人皆賊的地步。也不用因爲上當過就對人性失去了信心，因爲在付出信賴的同時，你也會得到心靈上的回報。

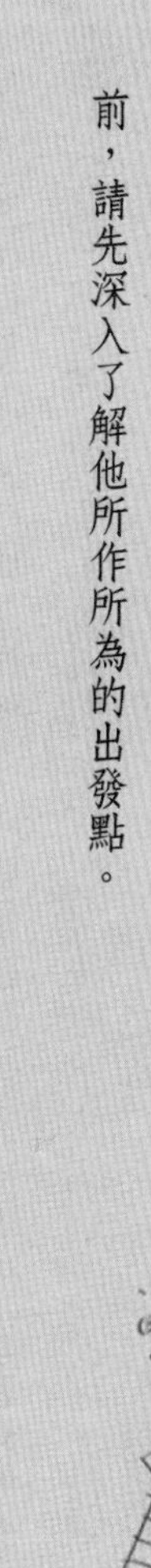

否定之前，先了解對方的出發點

不要把苦口婆心的叮嚀當成嘮叨或者苛求。否定一個人之前，請先深入了解他所作所為的出發點。

對於他人提出的要求，自己無法接受時，我們的第一個反應常常就是：「他一定是故意找我麻煩。」

人是一種自私而主觀的動物，習慣保護自己，遇到問題時，通常想到的是怎樣對自己最好。如果事情的發展沒有依照自己所想的那樣，失望之餘就會把過錯怪罪在他人身上。

另外，人天生就有惰性，這也是我們會推卸責任的主因之一。因爲喜歡讓自己處於安逸、舒適的環境，能避免的麻煩當然儘量避免，所以容易造成怠惰。有時候，大家都認爲不合理的要求，不一定是不好的，因爲磨練與成功往往是一體兩面，無法區隔的。

小玫是一個初到法國的留學生，經由學姊的介紹，來到一個寄宿家庭。這裡的主人是一個年約五十的婦人，名字叫塞爾瑪。塞爾瑪是個熱心的婦人，自己的兒女都長大了，不在身邊，她要小玫把這兒當成自己的家。剛來到陌生地方的小玫一聽，感動得差點落淚。

可是，一星期後，小玫就想搬走了，因爲她再也忍受不了塞爾瑪的獨裁和自私。她用大盒子將電話鎖起來，限制小玫每次洗澡不能超過五分鐘，還不准小玫使用廚房，所以小玫每天都得跟著塞爾瑪吃麵包。

或許因爲寂寞，塞爾瑪還在家裡養了三隻狗兩隻貓，每天小玫都得努力收拾動物們製造出來的髒亂。雖然很氣憤，但是小玫還是極力忍耐，因爲要找到房租

這麼便宜的房子是很困難的。

某次小玟打工回家，時間已晚，躡手躡腳走向房間。因爲塞爾瑪規定十一點後不准開燈，在看不到的情況下，小玟踏到了一坨狗屎，嚇得尖叫。塞爾瑪從房間衝出來，指責小玟打擾了她的休息，讓小玟覺得很委屈。

過了一個星期，小玟向塞爾瑪借用她兒子的電腦，因爲電腦出了一點問題，小玟就請同學幫忙修理。在那段時間，塞爾瑪一直站在門口不肯離去。

到了晚上，塞爾瑪問她：「他們有沒有換走電腦裡的零件啊？」

小玟聽了再也忍不住了，大叫著：「我們才不會做這種事。」後來，小玟在電話中向母親哭訴，塞爾瑪在旁遞手帕給她，可是小玟不理會。

隔天，塞爾瑪破例讓小玟使用廚房。小玟很開心，以爲之後的一切將很順利。沒想到小玟才在浴室多待了一會兒，塞爾瑪又來敲門了。

對這樣的生活，小玟感到很煩悶，就跑到教堂前的廣場閒晃，不料回去的途中被一輛不長眼的機車撞倒了。驚慌中，小玟撥了塞爾瑪的電話，有一瞬間她覺得塞爾瑪不會理會自己。結果沒多久時間，塞爾瑪就趕來了。

小玫住院期間，非常擔心龐大的醫藥費。學姊安慰著小玫，叫她不用擔心，大家會想辦法的。出院那天，小玫問起塞爾瑪，學姊笑笑的問她：「妳不是不喜歡她嗎？」

小玫當然不喜歡塞爾瑪，可是在關鍵的時候卻是塞爾瑪送小玫到醫院的。當小玫不知道該怎麼報答學姊幫忙籌措醫藥費時，學姊卻神秘地笑了，什麼話也不說就直接帶她往外走。

一直走到廣場，遠遠的小玫就看到一個熟悉的身影，穿著鮮紅的舞衣跳舞。原來是塞爾瑪，在她的面前還放著一個牌子，上面寫著：「幫幫我的中國女兒。」學姊輕聲告訴小玫，她的出院手續是塞爾瑪辦的，她一直都是以這種嚴厲的方式來教育自己的子女，所以個個都很有成就。

小玫感動得奔向前抱住塞爾瑪。原來，塞爾瑪眞的把小玫當成家人看待，才會用同樣的方法來要求她。

環境的差異、風俗民情不同，表現出來的文化當然不一樣。

東方人對於子女的照顧，容易淪爲溺愛，從大到小的事情都安排得好好的，捨不得孩子吃一點苦，等到成年出了社會，才發現孩子是溫室的花朵，受不了環境的摧折。至於西方人自小就被訓練獨立、自主，在一定的年齡就要搬離家庭，學會自己生活。

我並不是鼓勵大家要早早離開家庭，畢竟與家人同住又有另一番天倫之樂。但是，我們必須記住一點，在身邊不斷叮嚀與鞭策我們的人，才是眞正關心我們的人。因爲他們出於善意，希望我們能更好。

不要把苦口婆心的叮嚀當成嘮叨或者苛求，在否定一個人之前，請先深入了解他所作所爲的出發點。

微笑就是最有效的溝通技巧

發自內心的微笑總是令人賞心悅目，會讓人容易親近，這種無聲的溝通，絕不遜於有聲語言，甚至還超越了語言的功能。

當你看著鏡中的自己，是否曾經注意到，如果你對自己很滿意，別人也會對你特別和善。人與人的接觸，就像照著一面鏡子，你對它怒目相視，它也會對你張牙舞爪；你對它和顏悅色，它也會回你燦爛笑容。

在所有非語言的溝通方式中，臉部表情是最豐富的一種，一個人面帶笑容，會比面無表情時看起來還有魅力。

笑也會使自己覺得更快樂一點，因爲表情有塑造情緒的功能，即使是幾個星

期大的嬰兒，當他感到快樂時，也會露出甜美的笑容。微笑所帶來的收穫，有時是你無法想像的。

威廉覺得自己是全世界最悶悶不樂的人了，結婚十八年以來，從早到晚他的臉上很少露出笑容，連妻子都埋怨他老是擺著一張苦瓜臉。威廉只能告訴妻子，自己的臉天生就嚴肅樣，並沒有生氣，只是不知道該怎樣微笑。

有一天，威廉看到了一份卡內基「微笑培訓班」的招生廣告，決定報名參加，給自己一個改善的機會。

受訓的那段過程中，威廉很努力按照老師教導的方法，每天對著鏡子微笑讓自己習慣，強迫自己練習對身邊的人露出笑容。

經過一段時間的訓練後，每當威廉要出門上班前，必定給老婆一個大大的笑容外加擁抱。進入地鐵時，也會對收票員道一聲早安，到了公司更會對身邊每個人微笑問好。

威廉對所有他看到的人都投以笑容，當他帶著微笑走在路上時，發現每個人也回應給他燦爛的笑容，讓他一天的開始充滿了愉快的心情。

威廉也將微笑運用在工作上，不管任何人對他發牢騷，他都保持微笑，耐心爲對方解決問題。漸漸的，指定找他的客戶越來越多，老闆很高興爲他加薪，並且要大家向他看齊。

威廉因爲微笑而賺到了更多的錢，讓自己的人際關係越來越好。家庭生活方面也更美滿，老婆不再抱怨他苦著一張臉，兩個人的感情更加甜蜜。

威廉感受到一個小小的微笑竟然能帶來那麼大的收穫，因此常以個人的經驗來勉勵後進的晚輩。他告訴那群年輕小伙子：「當你的臉上充滿笑容時，你的心情也會跟著舒坦，看到你的人也會愉悅。這樣，人與人之間的相處就會充滿和諧的氣氛了。」

人與人接觸時，最直接的感受就是面部表情。許多心理學家進行實驗時，拿

臉蛋姣好、長得俊秀但悶悶不樂的面孔跟充滿和善笑容的人的相片做比較，發現後者反而較受歡迎。因爲，面容影響一個人的情緒，而情緒會互相傳染，人們會選擇能讓自己快樂的人。

同樣的道理運用於工作上，更會帶來明顯差異。有哪個老闆會想看員工臉色？有哪個花錢的客人願意看一張臭臉找氣受？即使是親密家人，也無法忍受一張難以親近的臉。

發自內心的微笑總是令人賞心悅目，會讓人容易親近，也能贏得好感。這種無聲的溝通，絕不遜於有聲語言，甚至還超越了語言的功能。

放鬆心情才能面對人生

總是想著壞事即將發生，凡事都會出問題，甚至沒問題還要在心裡製造問題，將自己導向悲劇的角色，你的人生將永遠悲慘。

並非所有的憂慮都是壞事，適度的憂慮有助於面對困難，提早做好心理準備，可以幫助你提高警覺，小心防範。

但是，卻有很多人整天擔心著還未發生的事，煩惱著世界末日將自己放在無謂的憂愁之中，甚至危害到健康。這樣不但對自己毫無幫助，還會影響生活品質，讓你的日子過得戒慎恐懼，毫無樂趣可言。

如果有時間為明天憂慮，不如利用這些時間為明天做準備。

某個小國家有一位脾氣很壞的國王，喜怒無常，動不動就生氣，而且常常提出無理的要求，一旦屬下達不到他的標準，就會要了那個人的命。因為如此，整個國家的臣民都活在恐懼之中。

那時，有一個篤信上帝的木匠，每天都愁眉苦臉過日子，很害怕哪一天國王會召見他。不管是工作或休息，他都沒辦法真正放鬆，總想著：「我還能看到明天的太陽嗎？會不會一覺醒來，我就要死了？」

木匠一家人就這樣在愁雲慘霧的氣氛下過日子，有時想到傷心處，還會一起抱頭痛哭，在他們身上永遠看不到笑容。

幾年過後的某一天，木匠正在修理籬笆，一位士兵出現了。他來傳達國王的命令，要木匠在明天之前交出一百萬個長、寬、高都零點五公分的小木塊。木匠知道國王故意刁難他，這些木塊在一天之內是不可能做到的。

木匠悲傷地回到家中，將這個消息告訴了妻子和孩子。大家聽了哭得像淚人兒似的，木匠的老婆還因此暈了過去。那一個晚上，全家人跪在窗前，將命運交給了他們的神，不停向上帝禱告。

第二天破曉，鷄啼聲似乎宣告著時間到來。木匠一家人都紅著眼眶，帶著疲憊的神情，安靜等待著。突然傳來一陣敲門聲，木匠不捨地對家人說：「現在，該輪到我去受刑了。」

木匠一面說著，一面拉開沉重的門板，臉上滿是悲壯的神情。門一打開，國王的侍衛站在門口對木匠說著：「國王昨晚駕崩了！你幫他打造一口棺材吧。」

莎士比亞在《凱撒大帝》中說道：「懦夫在死亡來臨前早已死過了好幾次，而勇士一生只死一次。」

如果你是木匠，當你只能再活一天，是不是該珍惜這短暫的時間好好的過，讓生命畫下完美句點？可是，故事中的木匠卻把時間耗費在憂慮上，甚至還讓家

人在悲傷中度過許多年。

每一個生命的歸屬終究是死亡，只是時間快慢有別罷了。體驗生命的過程，才是人生的最重要價值。

如果你總是想著壞事即將發生，凡事都會出問題，甚至沒問題還要在心裡製造問題，一直將自己導向悲劇的角色，你的人生將永遠悲慘。當你哭天喊地，抱怨生命的不公平時，卻忽略了，這些都是你自己的選擇。

悲傷是過日子，快樂也是過日子，何必為明天憂慮呢？

不管發生任何問題，終究要去解決。既然如此，就該適度放鬆自己，好好為身心充電，面對明天的挑戰。

別讓一時衝動帶來終生悔恨

很多夫妻間起爭執，加上誤會、不諒解、惡言相向以及負氣的言語和決定，事情就會走到無可挽回的地步。

不要寄出生氣時寫的信，不要在憤怒時做下決定，衝動時什麼都不要說，什麼都不要做……

諸如此類的忠告不勝枚舉，可見人類在情緒激昂的情況下，容易失去理智與判斷力，不管是快樂、悲傷或憤怒。

所有的動物，多多少少都會受到情緒的影響，就連植物也會因為天氣或者其他因素而有所改變。正是因爲這些情緒，人生才會多采多姿。

情緒既然無法避免，那麼就需要修養的功夫來輔佐。修養，簡單來說，就是有容忍的氣量，當別人的行爲影響到自己時，可以控制自己的脾氣。

從前有雌雄兩隻鴿子住在同一個鳥巢裡，每天一起飛行，到林子裡尋找食物，也一起玩耍嬉戲。

這樣愜意的日子一天天過去，當楓葉變紅，果實成熟時，秋天降臨了。雄鴿子對雌鴿子說：「冬天就快要來臨，到時候天氣變冷，不僅尋找食物困難，連要飛出巢外都會被凍個半死，我們必須盡早做好過冬的準備才行。」

雌鴿子溫順地說：「是啊！不如從今天起，我們吃飽後停止遊玩，將那些時間用來收集果實，這樣冬天到來時，我們就有足夠的存糧了。」

從那天起，兩隻鴿子每天除了休息時間外，都會到處努力找尋果實，來來回回飛著，好不容易終於收集到滿滿一巢。

有一天，雄鴿子比平常晚回來，一回到巢中發現原本滿滿的果實竟然只剩下一半。惱怒之餘，雄鴿大聲斥罵雌鴿子：「這是我們用來過冬的糧食，妳怎麼可以獨自偷吃？妳難道不知道採集果實很辛苦，沒有果實我們就無法度過冬天，妳想害我們兩個都沒命啊！」

雌鴿子委屈地說：「我眞的沒有偷吃啊！是果實自己減少的。」

雄鴿子不相信，繼續罵著雌鴿子：「不是妳偷吃的，難不成果實會自己長腳跑掉嗎？」說完就憤怒地用嘴把雌鴿子啄死了。

過了幾天，天空下起大雨，果實得到了濕潤，又恢復成滿滿一巢的份量。原來是因爲之前天氣乾燥，果實失去水分，因而紛紛縮水，看起來才像少了一半。這時，雄鴿子才明白原來牠誤解了雌鴿，儘管悔恨不已，但雌鴿子卻再也不會回來了。最後，只剩雄鴿子孤單單地在雨中哭喊著：「你到哪裡去了？趕快回來吧！」

誤解、懷疑與衝動，造成悲劇發生。就算之後雄鴿子再怎樣傷心後悔，對雌

鴿子也沒有任何意義了。

很多夫妻或情侶間起爭執，最後鬧到分手、離婚，追究到最初的導火線，往往是一件雞毛蒜皮的小事，可是再加上誤會、不諒解、衝動、惡言相向以及負氣的言語和決定，事情就會走到無可挽回的地步。

當然，將一口氣悶在心裡，長期壓抑下來也不是個好方法，但如果眞要出一口氣，切記避免人身攻擊。

生氣的時候，可以試著找出適合自己的宣洩管道，比方聽聽音樂、打打球、吃個東西、看看電視……等等。

學習修養的功夫，不要讓一時的情緒毀了自己的人生。

PART 11.

勇敢付出，人生才會愉快

或許愛一個人會有心痛，會有擔憂掛懷，

但也只有透過愛，才能讓我們與他人建立起緊密的聯繫。

靠自己，才能得到真正的勝利

求人不如靠自己，有什麼想做的就自己去做；有什麼想求的，就靠自己的雙手去爭取，這才是最「操之在己」的做法。

有一位波蘭的藝術家曾經寫道：「大理石雖然是珍貴的，但它本身卻不成什麼東西；只有當雕刻家把它變成一個傑作的時候，它才有真正的價值。」

是的，我們在塑造一件東西的同時，也會賦予它意義。即便它原本可能只是一塊石頭、一棵樹、幾片鋼鐵，我們把它塑成了自己想要的樣子，然後，在它身上投注了我們的情緒與期待。

這些期待，就是物品本身的價值所在。

老周帶孩子到南部鄉下玩，順道參訪南台灣的寺廟，才發現台灣的佛像愈來愈多，而且好像在比高一樣，十幾層樓高的大佛到處都是。連一些很小的寺廟前面也蓋了大佛，在視覺上造成一種荒謬之感。

有一天，老周帶孩子參觀一座剛落成不久的大型佛像，高度約有十幾層樓那麼高。孩子突然指著大佛說：「爸爸，大佛的頭上有避雷針。」

「是嗎？」老周順著孩子的手勢往上看去，由於大佛太高了，過分的仰視竟使他的帽子落下來。

孩子問老周：「大佛的頭上爲什麼要裝避雷針呢？」

老周說：「因爲大佛也怕被雷打中呀！」

孩子又問：「佛爲什麼怕被雷打中？在天上是不是雷公最大？」

孩子的話，使老周無法回答而陷入沉思：千里迢迢跑來禮拜，祈求能保佑我們平安的佛像，自己也怕被雷打中呢！如此說來，佛像既不能保佑自身的安危，又怎麼能保佑我們這些比佛像更脆弱的肉身呢？

佛像本來就是人做，自然不擁有保佑我們的神力；能夠保佑我們的，應該是天上的神明才對。

但不論如何，佛像是人們對於「信仰」的投射，就像我們會把很多想法、情感與情緒投射到一個物品，甚至一個人的身上一樣。或許這樣做並不科學，但人身爲情感的動物，卻常常對這一點「明知故犯」。

小時候很想學些什麼才藝，但一直無法如願，便將這種情緒投射到孩子身上，要他們學鋼琴、心算、電腦。哥哥年輕時沒辦法念好學校，拼死也要讓弟弟進大學，念個碩士博士回來。無法得到心上人的愛，只好苦練她最崇拜的吉他；將自己對某一片土地的感情，轉換到對某種政治立場的支持……

這些都是「投射」的例子，也是我們每天都在做的事。

這樣的投射是好是壞，我們暫且不去評論，因爲每件事情都有它的成因，每

個人也有之所以會這麼做的理由。

值得要注意的是，這樣的投射是否合理公平？是不是把自己無法完成的期待，放在一個並不想要的人身上？是不是把不屬於它的力量，映射在沒有生命的東西身上？

別忘了，求人不如靠自己，有形的東西都會有毀滅的一天。如果有什麼想做的，那就自己去做；如果有什麼想求的，就靠自己的雙手去爭取，這才是最直接、最「操之在己」的做法。

有自信，才能面對人生的困境

獨立是為了自尊，也是為了自信，它讓我們有力量面對人生路上的暴風雨，不論是否途中是否只有自己一個人孤身獨行。

法國文學家雨果曾經說過：「我寧願靠自己的力量，打開我的前途，而不願求有力者垂青。」

相信自己、依靠自己！自信心是我們一切力量的來源，不管是順遂的時候或困難的時候，它都會給我們無上的力量。

話說，大文豪蘇東坡有一次和佛印禪師來到一座寺廟，看見觀世音菩薩的身上戴著念珠。

本來佛像的身上有什麼東西，一般人是不會去在意的，但蘇東坡看到這個雕刻的念珠，卻不禁起了疑心，於是問佛印禪師：「觀世音菩薩自己已經是佛了，爲什麼還戴念珠，祂是在念誰呢？」

佛印聽了，便答道：「祂在念觀世音菩薩的名字。」

蘇東坡大奇，又問：「祂自己不就是觀世音菩薩嗎？」

佛印禪師說：「求人不如求己呀！」

最近讀了一本理財的書，開宗明義第一句話就是：「女人要有錢！」

書裡寫道，不論妳是否嫁了一個有錢的老公、是否生長在一個富裕的家庭，都要懂得爲自己累積財富。因爲，向別人伸手要錢的日子不但不好過，萬一哪一天妳的靠山倒了、死了、病了、跟人跑了，那妳又應該怎麼辦？

別笑笑地說：「不會吧？」未來會怎麼樣沒有人曉得。再深愛的人，不論彼此之間的羈絆有多深，畢竟還是不相同的兩個個體。只有自己永遠不會離棄自己；也只有自己，才是我們唯一能夠全盤掌握的。

西班牙宗教家拉格西安曾這麼說過：「在任何一種時尚、任何一個世紀中，你都應該追求獨立。」

獨立是爲了自尊，也是爲了自信，它讓我們有力量面對人生路上的暴風雨，不論是否途中是否只有自己一個人孤身獨行。別忘了，在這個時代唯一能對自己「不離不棄」的不是別人，正是我們自己。

自作聰明，容易掉入陷阱

真正擅於算計的人，不會以「聰明」自我標榜，而是懂得「扮豬吃老虎」，等「聰明人」自投羅網。

莎士比亞曾說：「聰明人是一條最容易上勾的游魚，因為他恃才傲物，看不見自己的狂妄。」

問問自己：你覺得自己是個「聰明人」嗎？別急著承認或否認，不妨先來讀一讀這個故事吧！

有一位歐巴桑，靠著「什麼都吃，就是不吃虧」、「什麼都佔，特別愛佔便宜」的原則行走江湖，在大大小小的週年慶、大拍賣中征戰無數。

一天，這位歐巴桑在首飾店裡看到二隻一模一樣的手環。一個標價五百五十元，另一個卻只標價二百五十元。

她大爲心喜，左看看右看看，連忙將那個標價二百五十元的手環拿到櫃檯算帳，臉上不動聲色。付錢時，歐巴桑還故意跟店員閒話家常，企圖轉移對方注意力。最後順利結完帳，歐巴桑掩不住臉上的喜色，得意洋洋地走出店門口，心想：「這下賺到了！」

在那位歐巴桑踏出店門後不到三秒，只聽見店員悄悄對另一個店員說：「看吧，這一招屢試不爽。」

屢試不爽的是人的貪婪成性？還是人的自以爲聰明？抑或兩者皆是呢？

這種試探就如同一塊餌，可以輕而易舉的使許多人顯露出貪婪的本性，讓他

們乖乖上勾；說到底，撿了這種「好康」不但不是佔了便宜，還常常是吃虧受騙的開始。

這就是自以為聰明的人最容易犯的錯誤：總是覺得「他傻瓜，你聰明」，卻不知道道高一尺，魔高一丈！

眞正頭腦好、擅於算計的人，並不會以「聰明」自我標榜，而是懂得「扮豬吃老虎」，露出一副被害者的樣子，等著「聰明人」自投羅網。在這種人身上，你以為發現了可以佔對方便宜的「好機會」，其實卻是掉進對方等著讓你吃大虧的「局」。

簡單說來，他未必是眞傻瓜，你也未必是眞聰明，最重要的關鍵是：最後笑的人到底是誰？

勇敢付出，人生才會愉快

或許愛一個人會有心痛，會有擔憂掛懷，但也只有透過愛，才能讓我們與他人建立起緊密的聯繫。

瑞士思想家希爾提曾說：「沒有愛，不可能有真正的幸福；有了愛，絕對不會有永遠的不幸。」

不知道，這句話你是否同意呢？

一天，一個盲人帶著他的導盲犬過街時，被一輛大卡車撞死，他的導盲犬為

了守衛主人，也一起慘死在車輪底下。就這樣，主人和這一隻狗一起來到了天堂門前。

一個天使攔住他倆，說道：「對不起，現在天堂只剩下一個名額，你們兩個必須有一個下地獄。」

主人一聽，連忙問：「我的狗又不知道什麼是天堂，什麼是地獄，能不能讓我來決定誰去天堂呢？」

天使鄙視地看了主人一眼，想了想之後說：「很抱歉，先生，每一個靈魂都是平等的，你們要透過比賽決定由誰上天堂。」

主人失望地問：「哦，什麼比賽呢？」

天使說：「這個比賽很簡單，就是賽跑，從這裡跑到天堂的大門，誰先到達終點，誰就可以上天堂。不過，你也別擔心，因爲你已經死了，所以不再是瞎子，而且靈魂的速度跟肉體無關，越單純善良的人速度越快。」

主人想了想，便同意了。

天使等主人和狗準備好，就宣佈賽跑開始。這位天使滿心以爲主人爲了進天堂，會拼命往前奔，誰知道主人一點也不忙，慢吞吞地往前走著。更令天使吃驚的是，那條導盲犬也沒有奔跑，只是配合著主人的步調在旁邊慢慢跟著前進，一步都不肯離開主人。

天使恍然大悟：原來，這條導盲犬已經養成了習慣，永遠跟著主人行動，在主人的前方守護著他。可惡的主人正是利用了這一點，才胸有成竹，穩操勝劵，他只要在天堂門口叫他的狗停下，就能輕輕鬆鬆贏得比賽。

天使看著這條忠心耿耿的狗，心裡很難過，於是大聲對狗說：「你已經爲主人獻出了生命，現在，你的主人不再是瞎子，你也不用領著他走路了，快跑進天堂吧！」

可是，無論是主人還是他的狗，都像是沒有聽到天使的話一樣，仍然慢吞吞地往前走，好像在街上散步似的。果然，離終點還有幾步的時候，主人發出一聲命令，狗聽話地坐下了。這時，主人轉過頭對天使說：「我終於把我的狗送到天堂了，我最擔心的就是牠根本不想上天堂，只想跟我在一起……所以才想幫牠決定，請你好好照顧牠吧！」

主人留戀地看著自己的狗，又接著說：「陪伴了我那麼多年，這是我第一次可以用自己的眼睛看著牠，所以忍不住想要慢慢地走，多看一會兒。如果可以的話，眞希望能像這樣永遠看著牠走下去。不過，天堂已經到了，那才是牠該去的地方。」

說完這些話，主人向狗發出了前進的命令，就在狗到達終點的一剎那，主人像一片羽毛似的落向了地獄的方向。忠心護主的狗兒見了，急忙掉頭追著主人狂奔。最後，導盲犬又跟主人在一起了，即使是在地獄，這隻狗兒也永遠守護著牠的主人。

愛的力量，將盲人與他的導盲犬緊緊繫在一起；也是愛的力量，讓他們不論身處天堂或地獄，不論爲對方做什麼樣的犧牲，都能夠甘之如飴。

像這樣的愛，或許並不是每個人都有辦法擁有的。因爲人與人之間的關係裡有太多的算計與自私。可以說一個人越是「聰明」，就越難以用一種「純粹」的心對待自己所愛的人。甚至，有人會問：「我爲什麼要去愛人呢？只要好好愛我自己，那不就好了嗎？」

俄國作家列夫·托爾斯泰曾經這麼說：「愛是神奇的，它使得數學法則失去了平衡：兩個人分擔一個痛苦，只有半個痛苦，而兩個人共享一個幸福，卻有兩個幸福。」

愛的神奇在於此，愛的奇蹟也正是在於此。當你只有一個人的時候，世上的狂風暴雨，你必須獨自承受；這個世界的奧妙與神奇美麗，也無法找到人分享。想想，這是多麼寂寞的事呀！

不論你有多麼畏懼「付出」，還是讓自己放開心去愛吧！或許愛一個人會有心痛，會有擔憂掛懷，但也只有透過愛，才能讓我們與他人建立起緊密的聯繫，一起歡笑、一起憂愁，一起走過人生的道路。

永恆真愛，不一定非要燦爛

真正的愛並不用燦爛而美麗，也不用富裕虛榮，更不用太多大喜大悲的陪伴，或許淡淡的，但足以長長久久，那就足夠了。

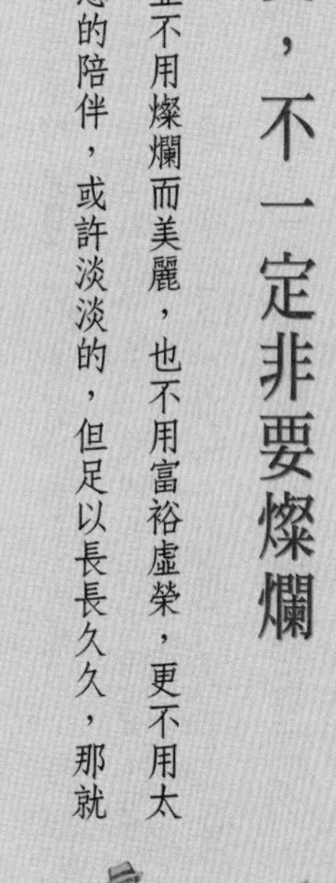

這個世界上充滿了太多用完即丟、吃完就好的速食品，免不了也會看到許許多多連愛情也變得「速食」的人。

但爲什麼在這個時代，「兩心相許」、「兩情若是久長時，又豈在朝朝暮暮」，會是這麼困難的事呢？

從前有一個小島，上面住著快樂、悲哀、知識和愛，還有其他各類情感。

一天，情感們得知小島快要下沉了，於是大家都準備船隻要離開小島。過了幾天，眼看小島即將沉沒，卻唯有愛找不到人幫忙。

這時，富裕乘著一艘大船經過。愛說：「富裕，你能帶我走嗎？」

富裕答道：「不，我的船上有許多金銀財寶，沒有你的位置。」

愛看見虛榮在一艘華麗的小船上，於是說：「虛榮，幫幫我吧！」

虛榮嫌惡地拒絕了：「我幫不了你，看看你，全身都濕透了，會弄髒我這條漂亮的小船。」

悲哀過來了，愛想向他求助：「悲哀，讓我跟你走吧！」

「哦……愛，我實在太悲哀了，想自己一個人待一會兒！」悲哀答道。

此時，快樂走過愛的身邊，但是由於她太快樂了，竟然完全沒有聽到愛呼喚她的聲音。突然，有個聲音出現了：「來吧！愛，我帶你走。」

是一位長者，但是愛大喜過望，卻忘了問他的名字。登上陸地以後，長者獨自走開。愛於是詢問知識：「你知道幫我的那個人是誰嗎？」

「他是時間。」知識老人答道。

「時間？」愛問道：「爲什麼他要幫我？」

知識老人笑道：「因爲只有時間才能理解愛有多麼偉大呀！」

看看許多好萊塢巨星的戀愛史，往往一場婚禮花了幾百萬美金，結果不到半年，片酬統統變成巨額贍養費賠給對方。而這段過程，還不斷重複，唯一改變的，就只有對象的不同。

可悲的是，不只有一兩個人如此，也不是只有特定的族群如此，在我們身邊，短暫的愛情與婚姻比比皆是。相信，每個人的一生，總希望能夠得到一次眞正的愛情。只是，究竟何謂「眞愛」呢？

法國有句諺語說：「真正的愛情不會隨著白髮而衰老。」

這份眞正的愛並不用燦爛而美麗，也不用富裕虛榮，更不用太多大喜大悲的陪伴，或許淡淡的，但足以長長久久，那就足夠了。

有麵包，愛情才會更牢靠

為了能讓愛情長久穩定的綿延，比起滿口情話卻餓著肚子，努力賺錢或許才是最實際的。

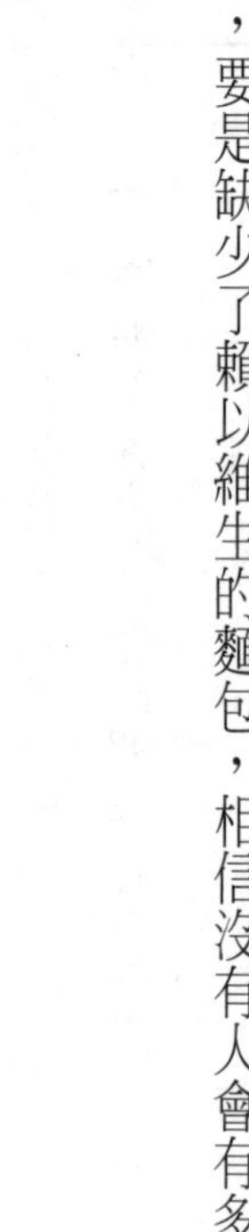

錢真的能買到一切，你相信嗎？

或許，每個人對於這個問題，會有許許多多不同的見解和答案；但無論如何，可以肯定的是，要是缺少了賴以維生的麵包，相信沒有人會有多餘的力氣顧及愛情。

某個綜藝節目現場，女主持人氣勢咄咄地問一名男嘉賓，爲什麼那麼在乎錢，只見男嘉賓平靜地回答：「因爲錢能買到一切！」

聽到這句話，現場的觀衆嘩然了。

男嘉賓微笑地說：「我們做個測試吧。要是你的仇人愛上你的女友，想要你退出，對方出多少錢要你這麼做，你才會答應？」所有的觀衆都很不屑這種論調，於是男人緩緩開出第一個價格：「那麼五萬！」

現場的觀衆鬆了口氣，論點很集中：「五萬？簡直是瞧不起人，爲了五萬放棄愛情？這根本是放棄了自己的人格。」

接著，男人開出第二個價格：「五十萬！」

現場的聲音小了很多，一部分人開始自己的計算了，過了好一會兒，絕大多數的男人依然選擇了否定，身邊的女友紛紛感動地看著他們。

只有少數的人接受了這五十萬，一個人說：「因爲自己沒有錢，父母苦了一輩子，臨老了生病沒錢醫治，爲了父母，所以放棄愛情。」

男人接著開出了第三個價格：「五百萬！」

一半的男人沉默了，另一半的男人怯生生地說：「我要愛情。」身邊的女友有點呆住了，一名女孩甚至站起來說：「如果一個男人肯出五百萬，我想我沒有理由拒絕他。」

沉默的男人選擇金錢的原因，是因爲五百萬可以買房子、車子，讓全家過上好日子，甚至可以開始自己的事業。

男人接著開出了第四個價格：「五千萬！」

全場頓時沸騰起來，只有一個人依然選擇了放棄，他解釋道：「我的愛情是無價的。」但當問到他的女友是否感動的時候，女友卻說：「我雖然感動，但我更感動的是有人願意爲了我付出自己的五千萬，而不是放棄別人的五千萬；我男友的觀點很可敬，但是並不現實。」

最後，那位嘉賓說：「我相信愛情，更相信所有的人性，所以我努力地賺錢、愛錢。我只是不希望我的愛情和人性，受到別人的金錢考驗罷了。」

爲什麼幾乎所有的人都選擇了金錢？現場情侶們的想法，從一開始的不屑到最後的爲難，只是因爲金額的變化而完全改變了。都說愛情是無價的，但面對錢多錢少的時候，大家的表現卻又如此不同。

也難怪那位嘉賓要說，努力賺錢不是爲了收買人心，只是不想要自己所愛的人的心被收買走。但是，等到他眞的擁有五千萬的時候，還能夠確定自己的愛人之所以愛自己，完完全全沒有受到錢的影響嗎？

這個問題很微妙，同時也困擾著世上的情人們。愛情如果透過了交換還稱得上是愛情嗎？或許，被錢換走的已經不是愛情，而是一種所有權，眞正的愛情則已遠去。

但不論如何，經濟條件確實是兩個人在一起的時候必須考慮到的一項切身問題。就像作家三毛所說：「愛情如果不落實到穿衣、吃飯、睡覺這些實實在在的生活上，是不容易天長地久的。」因此，爲了能讓愛情長久穩定的綿延，比起滿口情話卻餓著肚子，努力賺錢或許才是最實際的呢！

聰明的人，不會用心情處理事情

作　　者　南懷真
社　　長　陳維都
藝術總監　黃聖文
編輯總監　王　凌
出 版 者　普天出版家族有限公司
新北市汐止區忠二街 6 巷 15 號
TEL / (02) 26435033 (代表號)
FAX / (02) 26486465
E-mail：asia.books@msa.hinet.net
http://www.popu.com.tw/
郵政劃撥 19091443 陳維都帳戶
總 經 銷　旭昇圖書有限公司
新北市中和區中山路二段 352 號 2F
TEL / (02) 22451480 (代表號)
FAX / (02) 22451479
E-mail：s1686688@ms31.hinet.net
法律顧問　西華律師事務所・黃憲男律師
電腦排版　巨新電腦排版有限公司
印製裝訂　久裕印刷事業有限公司
出 版 日　2021 (民 110) 年 10 月第 1 版
I S B N◉978-986-389-792-7　　條碼 9789863897927

生活良品
36

國家圖書館出版品預行編目資料

聰明的人，不會用心情處理事情／
南懷真著.—第 1 版.—：新北市,普天出版
民 110.10 面；公分. - (生活良品；36)
I S B N◉978-986-389-792-7 (平裝)

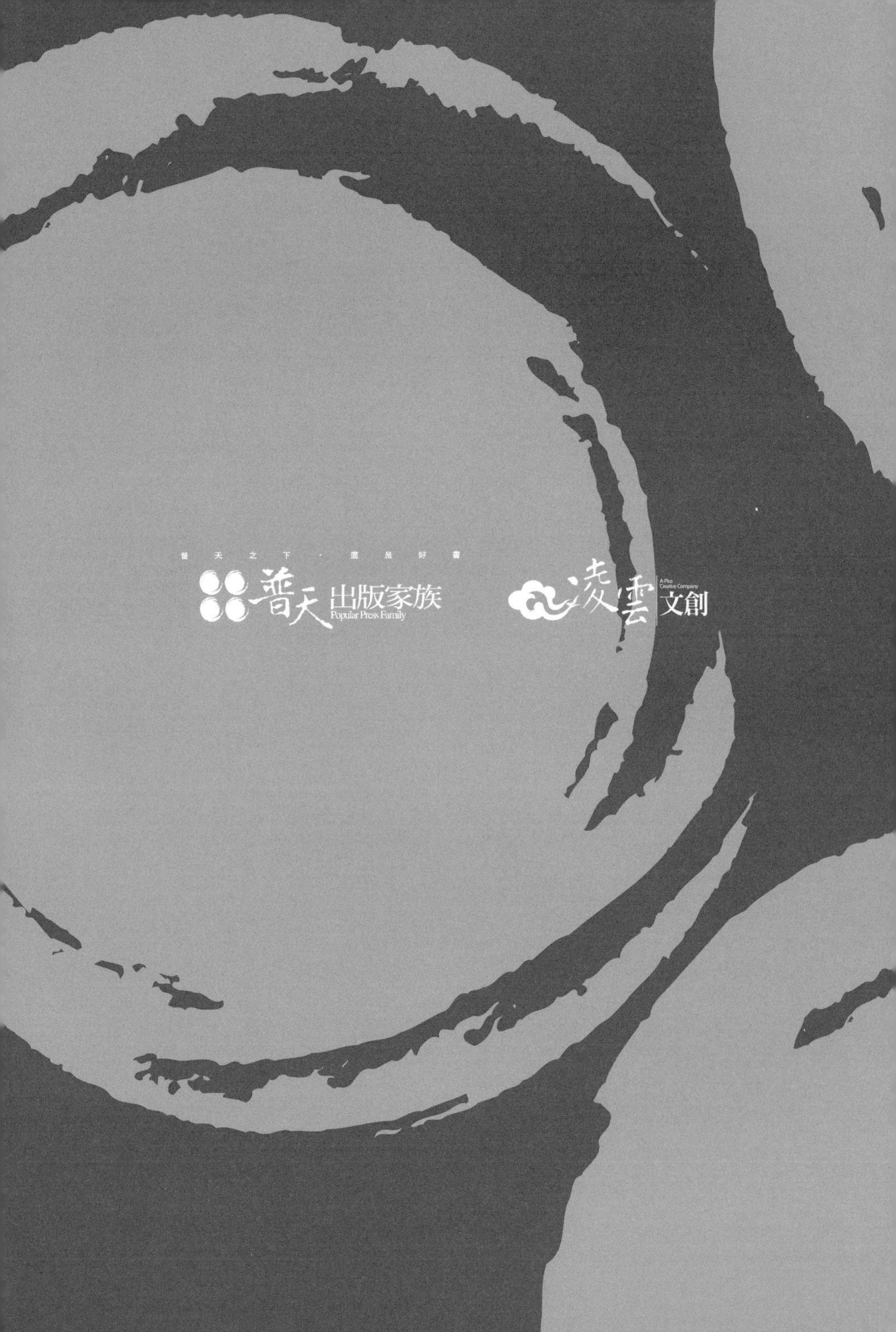

普天之下．盡是好書
普天出版家族
Popular Press Family
凌雲文創
A-Plus Creative Company